© 2019 Matthias Schreckenbach, Gregor Mosblech

Gestaltung, Illustrationen:
Janina Müller, Nikolas Ripka

Lektorat, Korrektorat:
Lars Hartfelder

Herausgeber:
Matthias Schreckenbach, Gregor Mosblech

weitere Mitwirkende:
Zehra Burak, Sara Charif, Eleonora Cicorella, Meike Frerichs,
Christian Gabler, Robin Hafemann, Jemila Herbst, Eileen Juche,
Sinem Karatas, Dorothea Kühn, Michelle Schulz, Jessica Valela,
Iris Zimmermann

Verlag und Druck:
tredition GmbH, Halenreie 40–44, 22359 Hamburg

ISBN Taschenbuch: 978-3-7497-4759-7
ISBN Hardcover: 978-3-7497-4760-3
ISBN e-Book: 978-3-7497-4761-0

Bibliografische Information der Deutschen Nationalbibliothek:
Die Deutsche Nationalbibliothek verzeichnet diese Publikation in der Deutschen
Nationalbibliografie; detaillierte bibliografische Daten sind im Internet über
http://dnb.d-nb.de abrufbar.

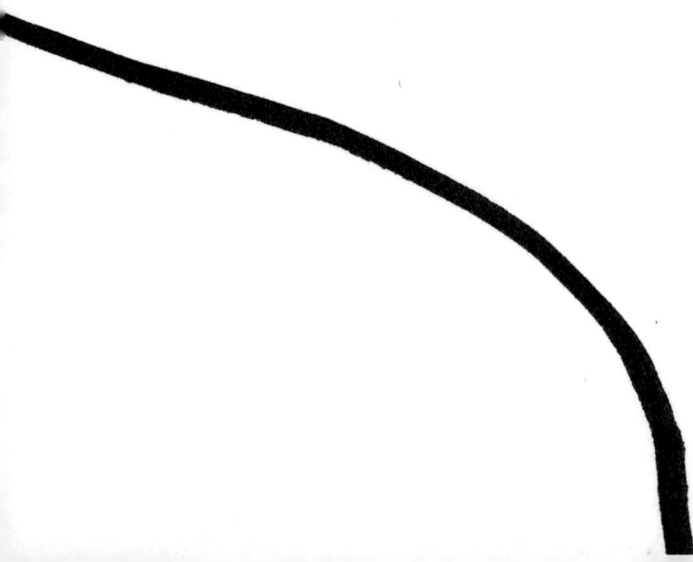

Hilfe,
Erziehung!

Kann „Heimerziehung" gelingen?

Inhaltsverzeichnis

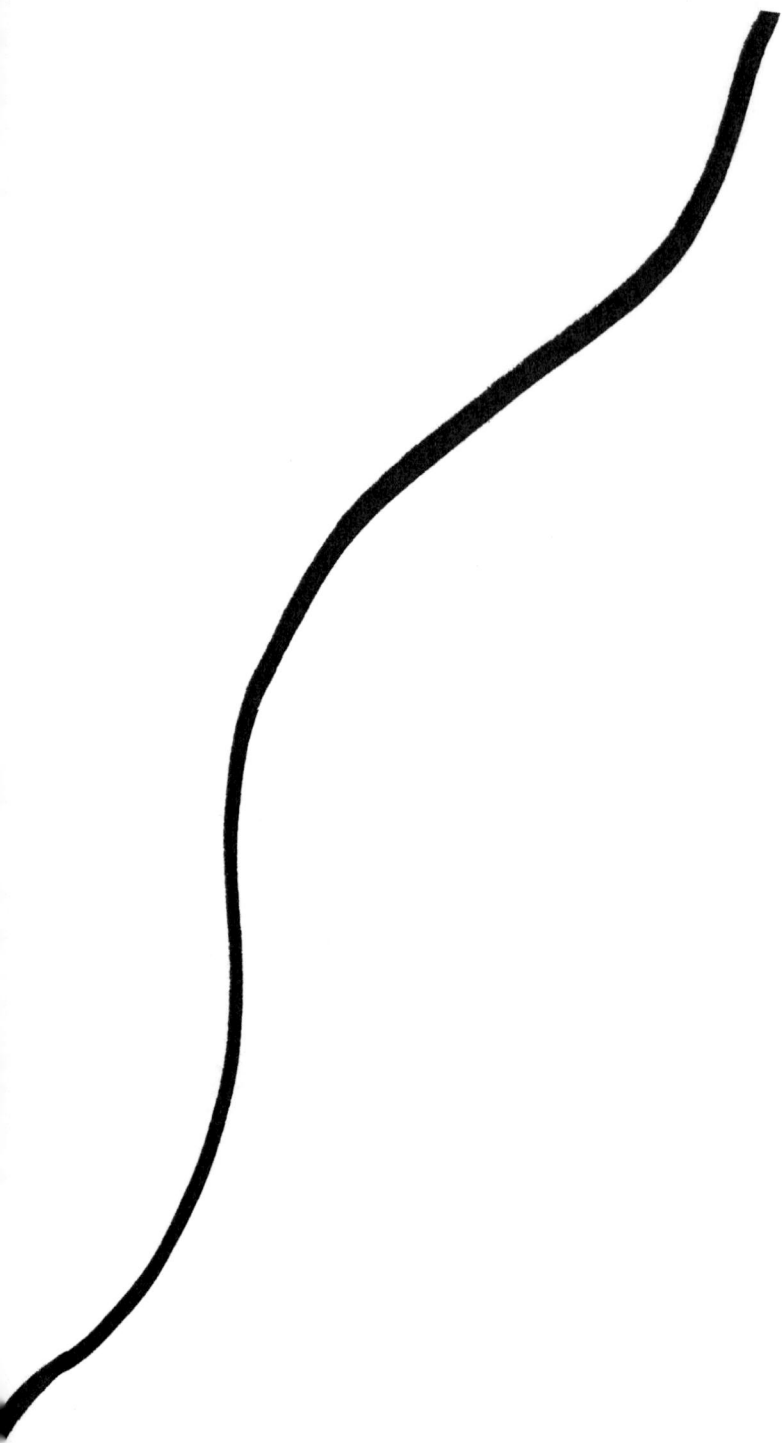

Prolog

Matthias Schreckenbach
& Gregor Mosblech

Das Studium der Sozialen Arbeit ist ein anwendungsorientiertes Studium. Seit den 1970er-Jahren wurde der Praxisbezug in den Studiengängen der Sozialen Arbeit durch die Initiierung von Projekten gestärkt. In diesen Projekten sollten die Studierenden einerseits in die Lage versetzt werden, erlerntes Wissen in der Praxis anzuwenden und zu prüfen, ob die Theorien in der Praxis anwendbar erscheinen. Andererseits sollten Fragestellungen aus der Praxis mit in die Hochschule gebracht werden, um daraus theoretisches Wissen zu generieren und Handlungen ableiten zu können. Eine starke Verknüpfung aus einem deduktiven Herangehen und einem induktiven Wahrnehmen von Phänomenen macht ein professionell reflektiertes Handeln erst möglich.

An der Fachhochschule Potsdam im Fachbereich Sozial- und Bildungswissenschaften hat das Projektstudium eine große Bedeutung. In sogenannten „Real-Laboren" werden spezifische Themen entweder arbeitsfeldbezogen oder auch adressatenbezogen im Rahmen von kooperativen und forschenden Lernarrangements angeboten. Real-Labore sichern einen reflektierten, auf wissenschaftlichen Erkenntnissen basierenden und mit der Praxis gemeinsam erarbeiteten Transfer, der sowohl für die Praxis als auch für die Fachhochschule von Mehrwert bestimmt ist.

Die Studierenden selbst führen fachlich und methodisch relevante Diskurse bezogen auf eine konkrete Fragestellung durch und setzen sich mit bezugswissenschaftlichen Aspekten sowie mit rechtlichen oder administrativen Rahmenbedingungen auseinander.

Elke Kruse beschäftigt sich in ihrem Artikel in der Zeitschrift „Sozial Extra" schon im Jahr 2009 mit der Frage, wie ein Projektstudium im Rahmen der Bologna-Reform realisierbar bleibt (Kruse 2009).

An der Fachhochschule Potsdam im Fachbereich Sozial- und Bildungswissenschaften ist es gelungen, durch die Einrichtung der

Real-Labore eine Lern- und Lehratmosphäre zu schaffen, die die Grundintention einer praxisnahen Lehre aufnimmt und gleichzeitig für ein forschendes, kooperatives und auch deduktives Herangehen sorgt.

Diese Ausgangssituation wurde in dem Projekt „Hilfen zur Erziehung" angenommen und eine Fragestellung entwickelt, die sich aus einer intensiven Auseinandersetzung mit der Theorie als auch mit den Belangen und Sichtweisen der Adressat*innen auseinandersetzen sollte. „Welche Gelingensfaktoren gibt es in der stationären Jugendhilfe aus Sicht der betroffenen Kinder und Jugendlichen"? Die Studierenden des Real-Labors „Hilfen zur Erziehung" stellten sich die Frage, ob ihre Vorstellungen von einer gelingenden stationären Kinder- und Jugendhilfe, die sie sich durch Wissensaneignung angenommen haben, auch mit den Vorstellungen der Betroffenen, in diesem Fall den Kindern und Jugendlichen, die in stationärer Jugendhilfe leben oder gelebt haben, korrespondieren.

Die stationäre Jugendhilfe ergibt sich aus den Hilfen zur Erziehung, die im achten Sozialgesetzbuch unter dem §27ff benannt werden (SGB VIII §27ff). Dort heißt es im Satz 1:

„Ein Personensorgeberechtigter hat bei der Erziehung eines Kindes oder eines Jugendlichen Anspruch auf Hilfe zur Erziehung, wenn eine dem Wohl des Kindes oder des Jugendlichen entsprechende Erziehung nicht gewährleistet ist und die Hilfe für seine Entwicklung geeignet und notwendig ist." (SGB VIII §27). Schnell stellt sich die Frage nach der „richtigen Hilfe". Der sich aus dem §27 SGBVIII ergebende Anspruch auf eine Hilfeleistung wird unterstrichen durch die Forderung nach einer geeigneten Hilfe.

Schauen wir also zunächst auf die Frage der Indikation zur stationären Hilfe. Ober besser gefragt, wann ist es angezeigt, ein Kind oder Jugendlichen von der Familie zu trennen?

Heimerziehung heute versteht sich als „lohnender Lebensort"! Diese Aussage wurde schon auf einer Fachtagung 2011 des DIfU (Deutsches Institut für Urbanistik) geäußert.

Das Klischee, dass Heimerziehung das letzte Mittel ist, wenn alle anderen ambulanten Hilfen gescheitert sind, wird mit dieser Aussage obsolet und lässt den Schluss zu, dass es um einen „pädagogischen Schonraum" oder den „sicheren Ort" gehen könnte (Pfeile 2011). Aus diesen Vorüberlegungen haben sich die Studierenden des Real-Labors überlegt, hierzu den ersten theoretischen Text zu verfassen und die Indikation Heimerziehung als eine von fünf zu überprüfenden Kategorien für die anstehenden Interviews in der Praxis zu deklarieren.

An dieser Stelle sollte erklärt werden, dass sich die Projektgruppe entschieden hat, Themen zu identifizieren, die sie für das Gelingen oder besser Wirksamwerden von stationärer Jugendhilfe (Heimerziehung) als ausschlaggebend erachtet haben. Somit sind sechs Kategorien entstanden, zu denen zunächst inhaltlich-theoretisch gearbeitet wurde und entsprechend Texte von den Studierenden produziert worden sind. Im Anschluss wurden 12 Kinder und Jugendliche sowie Erwachsene, die früher einmal im Heim/Pflegefamilie gelebt haben, im Rahmen von narrativ angelegten Leitfadeninterviews befragt. Die Auswertung der Interviews vollzog sich an den vorher festgelegten Kategorien, wobei offengelassen wurde, ob sich noch andere Themenfelder erschließen lassen. Bei der Auswertung der Interviews wurde sich an der qualitativen Inhaltsanalyse nach Philipp Mayring orientiert (Mayring 2003).

Wie schon beschrieben, ist die erste festgelegte Kategorie die Indikation. Außerdem wurden die Themenfelder Partizipation, Vernetzung und Zusammenarbeit, Sozialraum und Lebenswelt, Entwicklungsphasen und Jugendkultur sowie Bindungs- und Beziehungsarbeit ausgewählt. Erkenntnisleitendes Interesse der Projektgruppe war es, Wirksamkeiten oder besser Gelingensfaktoren zu identifizieren, die eine stationäre Unterbringung (Heimerziehung) nicht nur legitimieren, sondern die Heimerziehung als eine adäquate Hilfe zur Erziehung beschreiben. Der Fokus lag auf der Einnahme der Perspektive der Betroffenen. Die Gruppe wollte wissen, ob und was die Kinder und Jugendlichen für sich ganz persönlich als Gelingensfaktoren identifizieren und benennen.

Schrapper sagt dazu: „Erziehung ist erfolgreich, wenn sie Ordnung schafft, denn: Ordnung schaffen ist die wesentliche Aufgabe und der Auftrag der (Heim)-Erziehung" (Schrapper 2011).

Er übersetzt seine Aussage, indem er Dimensionen aufzeigt, in denen sich „das Ordnung schaffen" zeigen muss. Dazu gehört das Erlernen von Normen und Werten, an die man sich halten muss oder sollte, Wissen, wie die Welt beschaffen ist und wie sie funktioniert und Erlernen von Moral und Sitte. Die zeitgemäße Interpretation könnte sich mit den Begriffen Autonomie und Soziabilität, Kreativität, Produktivität und Sexualität beschreiben lassen (Schrapper 2011). Also einerseits das Verstehen von Welt und Gesellschaft, um teilhaben zu können und andererseits Selbstbestimmung, Autonomie und Freiheit erleben können – das ist die Herausforderung für die stationäre Jugendhilfe. Hansbauer beschreibt Dimensionen, in der sich Heimerziehung bewähren muss. Er nennt Beziehungsarbeit, Kooperationen, Milieunähe und Psychotherapie als Beispiele gelingender Heimerziehung (Hansbauer 2016). Heimerziehung gilt als sozialer Ort für schwierige Kinder und Jugendliche (Müller 2010).

Folgt man dieser Hypothese, spiegelt das wahrscheinlich die heutige Praxis in den zuständigen Jugendämtern wider, Heimerziehung doch als letztes Mittel einzusetzen.

Sicher sind das nicht immer fachlich geleitete Entscheidungen, denn Kostendruck und knappe finanzielle Mittel machen die stationäre Hilfe zur Erziehung (Heimerziehung) nicht gerade attraktiv. Sandra Fendrich resümiert allerdings in ihrem Artikel aus dem Jahr 2016, dass ein Anstieg der stationären Hilfen zu verzeichnen ist. Einerseits ist die steigende Anzahl minderjähriger Flüchtlinge ein Grund, andererseits gab es mehr Inobhutnahmen, die zunächst auch zu einem Anstieg der Fremdunterbringungen führten (Fendrich 2016). Vielleicht rückt aber die Notwendigkeit von stationärer Hilfe wieder stärker in den Fokus und Heimerziehung wird als ein probates Mittel zum Gelingen eines Hilfeprozesses wahrgenommen – Heimerziehung als eine Art Bildungsangebot, im Sinne von Erlernen von Alltag und Krisenbewältigung.

Richard Günder beschreibt in seinem Werk die Notwendigkeiten für eine gelingende Heimerziehung. Er konstatiert zum einen ein hohes Maß an differenzierten Angeboten in der stationären Jugendhilfe und zum anderen die Frage einer professionellen Grundhaltung/Ausbildung, die Heimerziehung als ein probates Hilfeinstrument deklariert (Günder 2011).

Friedhelm Peters beschreibt Heimerziehung als Initiierung „lohnender Lebensorte" (Peters 2016: 68). Er schlägt vor, regionalisierte, leicht erreichbare, partizipativ an den Bedürfnissen orientierte verlässliche Orte zu schaffen. Dabei bleibt die Diskussion um Schaffung eines „pädagogischen Schonraums" außerhalb der eigenen sozialen Lebenswelt erst einmal unberührt.

Die Projektgruppe hat sich nun auch hier die Frage gestellt, inwieweit Sozialraum und Lebenswelt Gelingensfaktoren sein können, um von einer wirksamen stationären Jugendhilfe sprechen zu können. Ein weiterer studentischer Artikel befasst sich also genau mit diesem Phänomen.

Daran anschließend bleibt es nicht aus, sich die Frage nach Vernetzung im sozialen Raum zu stellen. Welche Netzwerke sind nötig, um den Kindern und Jugendlichen einen Hilfekontext zu schaffen, indem die verschiedenen Institutionen zusammenarbeiten. Schule und therapeutische Angebote genau wie Sportvereine und Freizeit sind einige solcher Notwendigkeiten. Auch hierzu wurde ein Artikel verfasst.

Dirk Nüsken und Wolfgang Böttcher haben in einer umfassenden Zusammenstellung 2018 die verschiedenen Wirksamkeitsstudien und Evaluationen zu den Erziehungshilfen zusammengestellt. Unterschiedliche Fragestellungen, wie und warum Hilfen zur Erziehung indiziert sein könnten, bis hin zu Auswertungen und Fragen an Wirksamkeit und Nachhaltigkeit wurden und werden in den Studien behandelt (Nüsken/Böttcher 2018).

Bei der Befassung mit dieser Publikation ist der Projektgruppe ins Auge gefallen, dass die Perspektive der betroffenen Kinder und Jugendlichen eher knapp bis gar keine wesentliche Rolle einnahm. Somit wurde entschieden, zwei weitere Artikel in das Portfolie von möglichen Gelingensbezugsrahmen aufzunehmen. Beziehungs- und Bindungsfragen sowie Entwicklungsaufgaben und Jugendphase als Referenzrahmen für das individuelle Aufwachsen von Kindern und Jugendlichen wissenschaftlich zu betrachten, gibt die Möglichkeit, für das Kind wesentliche Bedingungen für ein gutes Aufwachsen zu definieren.

Björn Redmann und Ulrich Gintzel haben es sich zur Aufgabe gemacht, Lebensgeschichten von Jugendlichen und Eltern mit Erfahrungen in der Erziehungshilfe zusammenzutragen (Redmann/Gintzel 2017).

Liest man die einzelnen Geschichten der jugendlichen Heimbewohner, ließen sich sicher ebenso Gelingensfaktoren identifizieren. Insbesondere die Frage von Beziehungsgestaltung und Verlässlichkeit findet sich latent in den Erzählungen wieder (ebd.). Ein Aspekt, der immer wieder in unterschiedlicher Literatur zu finden ist, ist die Frage der Beteiligung. In keiner Konzeption von stationären Angeboten der HzE fehlen heute Ideen zum Beschwerdemanagement, genauso wie Fragen der Beteiligung im und am Heimalltag oder bei der Gestaltung von Hilfeplanprozessen.

Einerseits gibt es die Vorgabe des SGB VIII §36, die die Mitwirkung aller Beteiligten impliziert, andererseits ist der Erkenntnisstand so weit gediehen, dass Hilfen oder Hilfeprozesse ohne intensive Beteiligung der Kinder und Jugendlichen zum Scheitern verurteilt sind. Außer Zweifel steht zudem, dass es zum Aufwachsen und Erlangen einer selbstständigen, selbstverantworteten Persönlichkeit gehört, sich partizipieren zu können, um demokratische Prozesse auch selbst erleben und gestalten zu können.

Peter Büttner beschreibt in seinem Artikel „Das Heim als zu Hause" und geht explizit auf die Notwendigkeit einer gelingenden Partizipationskultur ein (Büttner 2016). Somit entschied sich die Projektgruppe auch dieses Thema aufzunehmen und einen Gelingensindikator „Partizipation" zu beschreiben und es entstand ebenfalls hierzu eine wissenschaftliche Hausarbeit.

Bei der Befassung mit der speziellen Thematik der erzieherischen Hilfen wird deutlich, welche professionellen Anforderungen sich für das Arbeitsfeld ergeben. Insbesondere die stationäre Jugendhilfe ist gekennzeichnet durch häufig prekäre Arbeitsbedingungen. Nachtdienste, Bereitschaftsdienste, hohe Anforderungen an die Belastung der Kolleg*innen, Umgang mit schwierigen Kindern und Jugendlichen in problematischen Lebenssituationen usw. Hans-Ulrich Krause und Friedhelm Peters identifizieren verschiedene Anforderungen, die sich in den vergangenen Jahren besonders herausgeprägt haben. „Differenzierte Methodenkenntnis, Diagnosefähigkeit, Wissen über Familienentwicklung und -dynamiken, unterschiedliche pädagogische Konzepte (ganzheitliche oder systemische Ansätze werden favorisiert), geschlechtsbewusstes Handeln sowie Teamfähigkeit und Teamarbeit" (Krause/Peters 2014: 154).

Nicht zuletzt ist zu benennen, dass die Frage nach einer ausreichenden Personalbesetzung unbearbeitet bleibt. Betreuungsschlüssel müssten sich drastisch verbessern, um ein pädagogisches Setting zu schaffen, indem die Kinder und Jugendlichen bedürfnisentsprechend betreut werden können. Gerade in Heimeinrichtungen benötigen die Kinder und Jugendlichen individuelle Zuwendung, Möglichkeiten des regressiven Erlernens neuer Verhaltensformen und Erlangen von Frustrationstoleranz sowie die Schaffung reflektierter Freiräume und Beschäftigungsmöglichkeiten. Nicht zuletzt soll hier die Elternarbeit (Familienarbeit) genannt werden. Fast schleichend ist es heute ein Selbstverständnis, dass Elternarbeit Teil des pädagogischen Konzeptes auch in der stationären Jugendhilfe geworden ist. Personelle Ressourcen hierfür wurden in marginalem Umfang berücksichtigt. Die Frage der Qualifikation dabei muss gesondert gestellt werden.

Das Arbeitsfeld der erzieherischen Hilfen, insbesondere der stationären Jugendhilfe, ist also ein komplexes, herausforderndes Arbeitsfeld. Um hier zu arbeiten, bedarf es einer besonderen Haltung und Einstellung zum Umgang mit Kindern und Jugendlichen und deren Familien. Eine wesentliche Verantwortung einer qualifizierten Ausbildung liegt auch in den Fachhochschulen des Landes. Im Projektstudium oder Real-Laboren bekommen die Studierenden einen guten Einblick in das Arbeitsfeld. Wissensaneignung und praktische Erfahrungen führen zur Bildung einer reflektierten, professionellen Haltung und Persönlichkeit.

Die Frage, ob der Begriff „Heimerziehung" noch aktuell ist, wurde in der Projektgruppe viel diskutiert. In der Literatur operiert man weiter mit dieser Begrifflichkeit. Vielleicht definiert sich das Ansehen oder die Bedeutung eines Angebotes auch nicht über den verwendeten Begriff, sondern über das Darstellen guter, qualifizierter Konzepte und Methoden sowie eben einer Heimerziehung, die sich durch Wirksamkeit und durch einen gelingenden Prozess identifizieren lässt. Gedankt sei an dieser Stelle den engagierten Studierenden im Real-Labor. Weit über den vorgegebenen Semesterwochenstunden hinaus wurde gearbeitet, recherchiert, geschrieben, befragt und ausgewertet. Dies ist nicht selbstverständlich. Herzlichen Dank dafür.

I.
Indikation –
Hilfe zur Erziehung

Sara Charif & Jemila Herbst

1. Einleitung

Unser gesellschaftliches Bild verbindet mit Kindern gerne Unbeschwertheit, Fröhlichkeit und Leichtigkeit. Gefühle oder Zustände wie Unsicherheit, Verzweiflung oder sogar Arbeits- und Lernstörungen, Depressionen, Ängste und Suchtkrankheiten werden bei Kindern und Jugendlichen eher nicht erwartet oder auch gar nicht gesehen. Doch auch schon Kinder und Jugendliche können durchaus aus verschiedenen Gründen massive Störungsbilder ausweisen oder Anzeichen für Auffälligkeiten haben. Im Rahmen des Studiums wurden differenzierte Perspektiven und auch Ursachen sowie Möglichkeiten der Intervention aufgezeigt, die in die folgenden Überlegungen einbezogen wurden.

Kinder haben eine Entwicklung mit dicht gedrängten Entwicklungsaufgaben zu bewältigen, die mit krisenhaften Zuständen verbunden sein können. Gerade Kinder und Jugendliche sind leicht anfällig, da sie in besonderem Maße die Unterstützung und den Schutz von Erwachsenen benötigen. Bei der Vielzahl von Entwicklungsaufgaben, die zu bewältigen sind, können sich schnell Schwierigkeiten einstellen, die negativen Einfluss auf Beziehungsgestaltung oder soziales Verhalten insgesamt haben können.

Die Vorstellung einer „Heilmaßnahme", ein Begriff der in der Literatur häufig im Kontext der Befassung mit Indikation auftritt, lässt sich bedingt und nur reflektiert auf die Kinder- und Jugendhilfe sowie die Arbeit des Jugendamtes übertragen. Dennoch geht es natürlich um die Idee, einen Prozess einzuleiten, der sowohl dem Kind oder Jugendlichen, als auch der Familie insgesamt, die Möglichkeit gibt, auftretende Schwierigkeiten selbst lösen zu können und somit für eine gesunde Entwicklung ihrer Kinder und Jugendlichen sorgen zu können.

Die Familie bzw. „der Fall" ist hier die zentrale Welt, von der alles ausgeht. Aus psychologischer Sichtweise wird versucht, mit einer durchdachten und reflektierten Indikation einen Lösungsprozess einzuleiten und die richtigen Maßnahmen für ihre Adressaten*innen zu finden, um einen „Heilungsprozess" gewährleisten zu können.

Familien, Kinder und Jugendliche kommen in der Regel in Kontakt mit dem Jugendamt, wenn das Wohl des Kindes gefährdet (§1666 BGB / §8a SGB VIII) ist oder es andere Schwierigkeiten bei der Ausübung der Erziehungsaufgaben gibt (§27ff SGB VIII). Es wäre wahrscheinlich nicht korrekt von einer „Krankheit", obwohl die terminologische Nähe zum Begriff „Heilungsprozess" herleitbar wäre, zu sprechen. Wenn, dann nur im übertragenen Sinne.

Im sozialpädagogischen Verständnis kann es eben nicht um Heilung von Krankheiten/Auffälligkeiten gehen. Komplexe Lebenssituationen und viele verschiedene Einflussfaktoren gilt es zu berücksichtigen. Burkhardt Müller spricht deshalb von einer sozialpädagogischen Diagnose und sozialpädagogischer Intervention, um genau den sozialpädagogischen Blick auf eigentlich kausale Verfahren wie Diagnose und Intervention zu richten (Müller 2017).

Der in der Sozialen Arbeit verwendete Begriff der Indikation stützt sich also auf eine sozialpädagogische Logik und umschließt die Idee einer sozialen Diagnose, einer sozialen Intervention und dem Wissen um eine geeignete Hilfe. Wichtig und definitiv übertragbar ist der Gedanke, den Betroffenen unterstützende Angebote/Hilfe bereitzustellen, um die vorhandenen Probleme zu lindern oder zu beseitigen. Die Indikation ist im Bereich der Jugendhilfe ein wesentlicher Teil, um den richtigen Hilfeprozess und die richtigen Fachkräfte zu finden, damit sowohl Kindern und Jugendlichen als auch ihren Familien geholfen werden kann.

2. Begriffsdefinitionen/Indikation

Um den Begriff Indikation erst einmal verstehen zu können, ist es sinnvoll, nach der Herkunft des Wortes zu recherchieren. Laut Duden lässt sich Indikation von dem lateinischen Wort „indicare" ableiten, was so viel wie „Anzeige" bedeutete (Duden: Indikation, die). Wird von einem medizinischen Ursprung ausgegangen, so bedeutet Indikation übersetzt eine „therapeutische Maßnahme" oder eine Art „Heiltätigkeit" (Wikipedia, 2016: Indikation). Aus psychologischer Sicht bedeutet Indikation die „Begründung für die Notwendigkeit und Angemessenheit einer therapeutischen Maßnahme" (Spektrum 2000: Indikation). In diesem Bereich geht es vor allem darum, nach der Diagnose einer psychischen Störung bei Patient*innen dann auch die richtige Methode finden zu können sowie den passenden Therapeut*innen für den Heilprozess. Ziel der Indikation ist es, hier über die richtig gewählte Zuordnung von Patient*innen und Therapeut*innen erfolgreiche Behandlungsergebnisse erreichen zu können (Spektrum 2000: Indikation). Übertragbar in einen sozialpädagogischen Prozess ist also die Idee, für bestimmte Problemsituationen oder Konstellationen die richtige Hilfe, das richtige Angebot gefunden zu haben.

3. Zielgruppe

Für die stationäre Kinder- und Jugendhilfe (HzE), mit der sich die Projektgruppe vorrangig befasst hat, gilt die gesetzliche Grundlage des §27 SGB VIII Hilfe zur Erziehung. Hilfeempfänger*innen sind zunächst die Eltern sowie sorgeberechtigten Personen (https://www.sozialgesetzbuch-sgb.de/sgbviii/27.html, letzter Zugriff am 15. 03. 2019). Diese Logik ergibt sich aus der Pflicht und Verantwortung, die die Eltern gegenüber ihren Kindern und Jugendlichen haben (SGB VII §1).
Hilfe ist selbstverständlich auch an die Kinder und Jugendlichen gerichtet, da sie ein Anrecht auf eine gesunde und ent-

wicklungsfördernde Erziehung haben. Häufig entsteht der Eindruck, dass sich initiierte Hilfe nur an die Kinder richtet, denn sie sind meist Symptomträger für aufgetretene Probleme. Um dieser stigmatisierenden Vorstellung Abhilfe zu verschaffen, hat die Gesetzgebung die Eltern in die Pflicht genommen und betrachtet somit immer das gesamte System Familie inklusive Lebenswelt.

Da es ganz unterschiedliche stationäre Einrichtungen und Konzepte gibt, werden Kinder von 0 bis 3 Jahre in der Regel von den Jugendlichen getrennt aufgenommen. Diese Maßnahmen basieren auf entwicklungspsychologische und bindungstheoretische Erkenntnisse der Entwicklung von Kindern und Jugendlichen. Die Zielgruppen der Kinder, die in Einrichtungen der stationären Kinder- und Jugendhilfe aufgenommen werden, sind im Durchschnitt in einem Alter von 0 bis 18 Jahren; es kann aber auch darüber hinaus sein (https://www.erziehungshilfe-hofkirchen.de/zielgruppe, letzter Zugriff am 18. 03. 2019). Hier gilt die Hilfe für junge Erwachsenen §41 SGB VIII.

4. Theoretischer Hintergrund/ Ursprünglicher Ansatz

Stationäre Einrichtungen der Kinder- und Jugendhilfe sind oft negativ belastet. Eine düstere Historie, die durch Zwang, Anpassung und Restriktionen beschrieben werden kann, ist fest in vielen Köpfen verankert. Heimerziehung als Strafe oder als letztes Mittel, wenn keine andere Hilfe mehr greift – diese Vorstellung führt zu einem schwierigen, fast Angst machendem Bild von stationärer Kinder- und Jugendhilfe (Heimerziehung). Noch heute hört man Eltern sagen: „Wenn du nicht artig bist, kommst du ins Heim."

Ein Blick auf das Mittelalter zeigt, dass es meist nur darum ging, Waisenkinder oder Findelkinder irgendwie am Leben zu erhalten. Der Fokus lag darauf, die Kinder arbeitstüchtig und gottesfürchtig zu machen. Das geschah ohne erzieherische Kenntnisse und Maßnahmen. Pädagogische Ideen oder die Idee eines Erziehungsauftrages im heutigen Sinn waren nicht vorhanden. Das Kind oder der Jugendliche wurde als Erfüllungsgehilfe für die Erwachsenen gesehen. Kindheit und Jugend als eigenständige Lebensphase theoretisch und inhaltlich einzuordnen, geschah erst in späterer Zeit.

Im 16. Jahrhundert entstanden die ersten stationären Einrichtungen für Kinder. Vorher waren sie in ärmlichen Familien untergekommen und lebten unter schlechten Lebensbedingungen. Häufig wurden verwaiste Kinder als billige Arbeitskräfte eingesetzt. Dies war für die damalige Zeit nicht ungewöhnlich, auch wenn es keine Waisenkinder waren. Auf Erziehung und Bildung wurde kaum Wert gelegt. Viel später erst wurden den Kindern lebenspraktische Inhalte, im Sinne einer angemessenen Wahrnehmung ihrer Bedürfnisse, vermittelt.

Die Anstalten sollten klein gehalten werden, damit eine Betreuung garantiert werden konnte. Doch das war nicht möglich, denn aufgrund des langen Krieges und dessen Folgen waren die Einrichtungen überfüllt mit verwaisten Kindern. Dies wiederum hatte zur Folge, dass die Kinder sich kaum frei entwickeln konnten, denn Kontrolle und Überwachung waren die Erziehungsmaxime (Hegel 1968: 21).

Waisenhäuser erhielten durch zu hohe Kosten, häufig auftretende Missbrauchsfälle sowie schnelles Ausbreiten von Krankheiten aufgrund der Masse von Menschen ein negatives Image. Die Mittel zur Finanzierung wurden daraufhin – gegen jede Logik – begrenzt oder komplett gestrichen. Es gab Überlegungen, ob es sinnvoller wäre, die Kinder in Pflegefamilien zu geben und die Waisenhäuser als geschlossene Einrichtung zu erklären.

Eine damalige sogenannte Preisaufgabe wollte herausfinden, ob es besser ist, Kinder in Pflegefamilien oder Waisenhäuser unterzubringen und zu erziehen. Das Ergebnis ist eindeutig zu Gunsten der Pflegefamilien ausgefallen, da hier eine bessere Chance auf Erziehung und Entfaltung gegeben sei. Zudem vermittelt sie das Sinnbild einer Familie und ist auch noch kostengünstiger.

Doch auch in Anbetracht der vorgetragenen Gründe konnte eine Entscheidung nicht einfach für die Familienpflege getroffen werden. Nach einem Verantwortlichen eines hamburgischen Waisenhauses können gut organisierte Waisenhäuser eine der besten Einrichtungen für pädagogische Betreuung und Entwicklung der Kinder sein. Aber auch nur dann, wenn bestimmte Voraussetzungen erfüllt sind, wie zum Beispiel den Erziehungszweck und -sinn immer im Blick zu behalten.

Auch wurde und wird heute immer noch für wichtig empfunden, dass betreute Kinder nach ihrer Entlassung weiter im regelmäßigen Kontakt zur Familie stehen. Durch Veränderungen und Aufklärung im Hinblick der Betrachtung des Wertes der Kindheit, ebenso durch die Beeinflussung von Jean-Jacques Rousseau und Johann Heinrich Pestalozzi als herausragende Reformpädagogen, verbesserte sich die Fürsorge und Betreuung in den Institutionen. Sie lehrten vermehrt und gezielt über Beziehungsarbeit und die Liebe zu Kindern. Kinder wurden mit anderen Augen als eine selbstständige Persönlichkeit wahrgenommen.

Zur Kriegszeit wurden Kinder und Jugendliche, die als „schwer erziehbar" galten, in polizeiliche Jugendschutzlagern untergebracht. Bei Volljährigkeit kamen sie in ein Arbeitshaus oder Konzentrationslager. Aufgrund von Klassifizierung wurden dann im Zweiten Weltkrieg nur rassisch „wertvolle", erbgesunde sowie erziehungsfähige und -würdige Kinder aufgenommen. Alle anderen Kinder und Jugendlichen kamen in eine Art Bewahrung, die von den Wohlfahrtsverbänden geleitet wurden. Sie unterlagen keinen fachlichen Auflagen und konnten somit die Jugendlichen in Masseneinrichtungen unterbringen. Mangel an qualifiziertem Personal und ausbleibende staatliche Hilfen führten dazu, dass wenig ausgebildetes Personal die Betreuung von einer Gruppe von 30 Insassen oder mehr übernahm.

Nach dem Zeiten Weltkrieg gab es nur noch wenige Anstalten, zudem war es fast unmöglich, mit guten effizienten Hilfsangeboten der großen Masse von verwaisten und heimatlosen Kindern entgegenzuwirken. Dem unausgebildeten Personal blieb nicht viel, außer mit Strenge, Disziplin und Ordnung zu arbeiten, um so die Kontrolle zu behalten.

Die Idee, Kinder nicht mehr mit Anstaltserziehung, sondern mit familienähnlichen Formen zu betreuen, setzte sich erst viel später (1970) durch. Das SOS-Kinderdorf kam dieser Idee sehr nah und war der Startschuss für eine familienähnliche Erziehungsform. Obwohl sie eine gute Alternative war, blieb fraglich, ob sie wirklich die beste Entwicklungsmöglichkeit für jedes Kind ist. Wenn Kinder die künstliche Familie verlassen, kann dies zu weiteren Krisen führen (https://www.lambertus.de/assets/adb/95/953dfc567b3b3aee.pdf, letzter Zugriff am 28.03.2019).

Die studentischen Bewegungen der 1969/70er-Jahre sorgten dafür, die Missstände in den Heimeinrichtungen aufzudecken. Es kam zur sogenannten „Heimkampagne", die zur Folge hatte, dass sich das Bild auf Heimerziehung änderte und viele neue pädagogische Ansätze und differenzierte Formen von Heimerziehung angeboten wurden.

5. Heimkinder in ihrer Entwicklung

Für das Heranwachsen eines Kindes ist es von großer Bedeutung, dass es die Geborgenheit und Liebe seiner Eltern und seines Familiensystems erlebt oder zumindest in einem sicheren Bindungskontext aufwachsen kann. Familiensysteme bedeuten auf der einen Seite immer, dass sie aus einer Kernfamilie bestehen – wie einer Mutter, dem Vater und im besten Fall noch Geschwister. Dieses Familiensystem kann sich dann noch erweitern durch Tanten, Onkel, Großeltern und andere Verwandte. Aber auch Freunde und Bekannte können als Familie bezeichnet werden und schließen sich somit dem System an. Wobei hier zu bemerken ist, dass sich das traditionelle Bild von Familie heute in vielzähliger und differenzierter Art und Weise darstellt. Familie ist heute ein vielfältiges Format unterschiedlicher Lebensgemeinschaften, in denen Kinder aufwachsen können.

Wenn Kinder auf sich allein gestellt sind und sich um sich selbst kümmern müssen, also keine sichere Anbindung an ein Beziehungssystem haben, kann eine Heimunterbringung auch von Vorteil sein. Dort darf das Kind wieder Kind sein, spüren wie es ist, wenn Erzieher*innen die Verantwortung übernehmen und sich kümmern und sorgen.

Trotz der oft schwierigen Situationen zu Hause mit den Eltern oder mit einem Elternteil empfinden es die Kinder und Jugendlichen häufig als schwierig, in einem Heim untergebracht zu werden. Sie haben oft Angst, Heimweh oder Trauer. Das ungewohnte Umfeld und das fehlende Wissen, was sie noch erwartet, löst in Kindern ein unsicheres Gefühl aus. Dies kann dazu führen, dass die Kinder und Jugendlichen in den ersten Tagen immer wieder weglaufen und zu ihrem alten Zuhause zurückkehren und wenig Bereitschaft zeigen, sich auf das neue Setting einzulassen. Gerade wenn die Unterbringung nicht von allen Beteiligten gleichermaßen gewollt ist, kommt es zu Konkurrenz und Ablehnung.

Heimkinder haben vor, während und nach ihrer stationären Unterbringung häufig mit Hürden zu kämpfen. Den Kindern kann es schwerfallen, sich an eine neue Umgebung auf Dauer zu gewöhnen, da sie durch verschiedene Faktoren, die sie nicht beeinflussen können, herausgerissen werden. Ein Kind wird aus dem Heim in eine Pflegefamilie untergebracht, da es sich besser für die Entwicklung des Kindes aus Sicht des Jugendamtes eignet. Aus diversen Gründen gelingt die Einführung nicht und das Kind soll zurück ins Heim. Da eventuell sein gewohnter Heimplatz nun belegt ist, muss es in einem anderen Heim untergebracht werden. Dies bedeutet wieder neue Menschen und eine neue Umgebung. Alles beginnt von vorne. Solche Wechsel können zu Belastungen führen. Infolgedessen können Störungen im Vertrauens- und Bindungsaufbau sein.

Jedes Kind reagiert individuell, einige reagieren apathisch und andere wiederum drücken ihren Frust mit Hass aus, wie beispielsweise Wut und Aggressionen (Dührssen 1977).

5.1 Aggression

Aggressives Verhalten äußert sich bei Kindern, indem sie häufig unruhig sind. Sie handeln impulsiv, schlagen grundlos um sich und zeigen destruktives sowie passives Verhalten, wie zum Beispiel das Zerstören von Gegenständen. Häufig liegt es daran, dass sie mit ihrem sozialen Umfeld überfordert sind und somit von ihren Gefühlen ablenken möchten. Es fehlt ihnen die Fähigkeit, mit ihrer Umwelt und dem was sie stört fertig zu werden. Krisenbewältigungsstrategien sind wenig ausgeprägt, die Frustrationstoleranz ist niedrig.

Nach Bandtec Oakland hat man den Eindruck, dass die Aggressionen, die die Kinder ausdrücken, nicht unbedingt mit Ärger und Unruhe zu tun haben, sondern das die Kinder so ihre Gefühle ausdrücken, weil sie sich nicht mit einfachen Worten mitteilen können.

5.2 Wut

Wut ist ein Gefühlsausbruch mit einem hohen Erregungsgrad und kann aufgrund eines aktuellen oder ungelösten Konflikts entstehen. Erwachsene lassen gelegentlich ihre Wut an Kindern aus. Dies kann sich verbal oder körperlich äußern. Doch auch indirekte Wut ist nicht förderlich und auch nicht angenehm. Denn Ablehnung oder Ignoranz löst viel Frust aus.

Andere Gründe für Wut können auch ein mangelndes Selbstwertgefühl oder zu wenig Zuwendung sein. Wenn Kinder das Gefühl haben, dass ihnen nicht genug Wertschätzung oder Liebe entgegengebracht werden, entsteht Frust, der oft in Wut mündet. Wut bei Kindern entwickelt sich häufig dann, wenn diese gestresst oder überfordert sind. Sie kommen in bestimmten Situationen nicht weiter und stoßen an ihre Grenzen. Folglich müssen sie ein Ventil finden, um ihren Gefühlen freien Lauf lassen zu können. Dieses Ventil zeigt sich dann in Form eines Wutausbruchs. Wenn Kinder ihre Gefühle unterdrücken, bringen sie das oft mit Wut zum Ausdruck.

5.3 Stresssituation oder traumatische Erlebnisse

Kinder geraten in Stresssituationen, wenn sie sich in einer Situation hilflos fühlen, zum Beispiel, wenn die Eltern sich streiten. Stresssituationen entstehen bei Kindern häufig, wenn sie ihre Gefühle nicht klar und deutlich äußern können und in ihrem sozialen Umfeld überfordert sind.

Traumatische Erlebnisse bei Kindern können aus diversen und individuellen Gründen resultieren, wie zum Beispiel die Scheidung der Eltern, der Tod eines Elternteils oder ein Unfall. Solch einschneidende und schwerwiegende Ereignisse lösen oftmals ein emotionales Trauma aus. Manchmal benötigen Kinder deshalb therapeutische Hilfe, um das Geschehene und die daraus resultierenden Gefühle aufarbeiten und bewältigen zu können.

Oft wird über das Geschehene auch nicht gesprochen, weil es verdrängt wird. Das heißt aber nicht, dass es nicht passiert ist oder doch nicht irgendwann wieder zum Thema wird. Egal wie lange Ereignisse in der Zeit zurückliegen und verdrängt werden, sie können sich trotzdem auf das Verhalten und den Gemütszustand auswirken. Möglich ist auch, dass stationäre Unterbringungen Auslöser sein können, die verdrängte Geschehnisse wieder gegenwärtig zu machen.

6. Bedeutung von Diagnose und Indikationsstellung im Prozess der Hilfeplanung

Wenn von Indikation die Rede ist, kann auch vorsichtig von „Psychosozialer Diagnostik" gesprochen werden. Somit wird versucht, sich von der klinisch-psychologischen Diagnostik und Klassifikation abzugrenzen. Viola Harnach-Beck hat hierzu publiziert und somit der Sozialen Arbeit ein zusätzliches Instrument gegeben, den Prozess der Indikation zu professionalisieren (Harnach-Beck 1995).

Um Vorgänge bzw. Handlungen der Diagnose- und Indikationsstellung begründen, kontrollieren und optimieren zu können, werden Informationen gesammelt und bearbeitet. Somit ist es leichter, eine Hilfeform exakter zu planen, durchzuführen und schriftlich festzuhalten. Dieser Vorgang ist relevant für die Qualitätssicherung in der Jugendhilfe. Bei der Hilfeplanung ist es wichtig, dass Jugendämter die Personensorgeberechtigen und das Kind bzw. die Jugendlichen mit einbeziehen. Sie sind durch den §36 SGB VIII dazu verpflichtet. Es hilft, bei der Planung zusammenzuarbeiten, damit angestrebte Ziele auch wirklich umsetzbar werden und nicht unerreichbar scheinen sowie dementsprechend zur Demotivation führen. Gefordert ist also eine Beteiligung aller Betroffenen.

7. Die Hilfe zur Erziehung und ihre Bedeutung für die Heimerziehung

Nach §34 SGB VIII ist die Heimerziehung, die unter den allgemeinen §27 SGB VIII fällt, eine gesetzliche Hilfe zur Erziehung. Für die Entscheidungsfindung ist sie die Grundlage des Jugendamts. Nach der Tatbestandsfeststellung nach §27 SGB VIII, die Voraussetzung für den Anspruch auf eine Hilfe zur Erziehung ist, stellt sich die Frage nach der richtigen bzw. geeigneten Hilfe. Ist es nötig, ein Kind von Familie/Eltern zu trennen oder zeitweise aus den nachträglichen Lebensumfeld herauszunehmen, um einen „pädagogischen Schonraum" zu schaffen, bietet sich die Heimerziehung nach §34 SGB VIII oder die Unterbringung in einer Pflegestelle nach §33 SGB VIII an.

Eltern haben einen Anspruch auf Hilfe zur Erziehung, wenn folgende Anhaltspunkte festgestellt werden:

Eine dem Wohl des Kindes oder Jugendlichen entsprechende Erziehung ist nicht gewährleistet. Die Hilfsmaßnahme ist für seine Entwicklung förderlich und wesentlich. „Die erstgenannte Voraussetzung bezieht sich auf das Kind oder den Jugendlichen. Bewusst vermieden hat der Gesetzgeber, den Anspruch an ein bestimmtes Fehlverhalten zu knüpfen, weil die Hilfe nicht als Eingriff verstanden werden soll" (Post 1997).

Das hängt meist immer vom Schwierigkeitsgrad ab. Mit Schwierigkeitsgrad ist in dem Fall gemeint, dass für Kinder und Jugendliche, die keine extremen Auffälligkeitsprobleme aufzeigen, eine ambulante Erziehungshilfe angebrachter und auch ausreichend wäre. Stationäre Unterbringungen kritisieren, dass die Jugendämter in Anbetracht der Kostenpunkte häufig Hilfen zur Erziehung nach §35 SGB VIII nicht gewähren. Wiederum beklagen Leiter*innen aus gut belegten stationären Einrichtungen, dass Kinder unnötig in Einrichtungen untergebracht werden und sich somit unzureichend um das Verbleiben in der Familie bemüht wurde.

Grundsätzlich ist festzuhalten, dass es gute individuelle Gründe im Rahmen einer sozialpädagogischen Diagnostik geben kann, die für die Indikation Heimerziehung sprechen. Es gibt keine eindeutige Literatur, die kausal Indikationen aufstellen kann. Sicher ist das auch gut so, denn die Individualität des Einzelfalls muss immer in jede Entscheidung einbezogen werden.

Einige Studien (Jule Studie 2002) weisen auf Faktoren hin, die eine stationäre Unterbringung oder erzieherische Hilfe überhaupt offensichtlich begünstigen:

- „Die Art und damit der Schweregrad der Problematik des Kindes
- Das Ausmaß der Problematik (Bedarfsdeckungslücke) der Familie
- Das Alter bei Beginn der Hilfe zur Erziehung
- Das Ausmaß der familiären Defizite
- Die Aussicht auf Veränderung bei Eltern und Familie
- Die Ressourcen und Lebensweltverhältnisse der Familie" (Jule 2002: 25).

Dabei konstatiert die Studie, dass Kinder und Jugendliche, die in Heimen untergebracht werden, relativ geringe Aussichten auf Veränderungen in ihrem familiären Kontext prognostiziert bekommen (Jule Studie 2002: 26). Auch ein Ergebnis der Studie ist eine kurze Zusammenfassung von psychosozialen Belastungen, die zur Initiierung einer erzieherischen Hilfe führen können (Jule Studie 2002: 59). Die dort aufgeführten Faktoren sind keiner Hilfe spezifisch zuzuordnen. Immer kommt es auf die Lebensumstände, das soziale Umfeld und auf Resilienzfaktoren der Familie und des Kindes oder Jugendlichen an, welche Hilfeart denn nun die richtige sein könnte. Zu vermuten ist, dass prekäre Lebensverhältnisse eine Unterbringung in einer stationären Einrichtung begünstigen.

7. Fazit

In unserer Recherche wurde festgestellt, dass Kinder und Jugendliche häufig nicht über ihre Gefühle sprechen, weil sie diese nicht mit Worten ausdrücken können. Seien es ihre Eltern, Großeltern oder sonstige Personen, die ihnen nahestehen, Kinder und Jugendliche reden wenig darüber, was sie bedrückt.

Wenn Kinder und Jugendliche aus ihrem Elternhaus ausziehen müssen und in einer stationären Einrichtung untergebracht werden, bricht vorab eine Welt für sie zusammen. Von großer Bedeutung ist es daher, mit den Kindern auf eine andere Weise in Kontakt zu treten, um an sie und ihre Gefühle heranzukommen.

Eine innige Zusammenarbeit im Rahmen einer professionellen Beziehungsarbeit mit Kindern und Jugendlichen ist hier von großer Bedeutung, da sie eine gute Möglichkeit für Kinder und Jugendliche bietet, sich anzuvertrauen, um sich auszutauschen bzw. mitzuteilen.

Vertrauensbruch der Eltern, zu hoher Druck in der Schule oder Ausschluss aus dem Freundeskreis können bei einem Kind zu erheblichen Verhaltensbeeinträchtigungen führen. Aggressivität, Ängste oder Wut sind deutliche Anzeichen für abwehrendes oder vulnerables Verhalten. Eine stationäre Unterbringung kann also zusätzliche Schwierigkeiten und Traumatisierung hervorrufen. Deshalb muss eine stationäre Hilfe gut vorbereitet und pädagogisch adäquat durchgeführt werden. Wichtig ist, dass sich die verschiedenen Bereiche, seien es Schule, Eltern, Freunde oder das restliche soziale Umfeld, nicht voneinander trennen lassen, sondern eng miteinander in Verbindung stehen und zusammenarbeiten.

Eine Grenze, die in einem Heim deshalb überwunden werden sollte, liegt dort, wo die Reaktion des Kindes und Jugendlichen allein als individueller Konflikt zu sehen ist. Auch Einflüsse der

Umwelt, also der Familie, dem Umfeld oder der Schule sowie die gegebenen gesellschaftlichen Rahmenbedingungen müssen im Heim durch die Sozialarbeiter*innen thematisiert werden.

Bei der sozialen Gruppenarbeit sollen vor allem soziale Kompetenzen in der Gruppe erlernt werden. Oft sind diese Maßnahmen auf ältere Kinder und Jugendliche ausgerichtet, die sich z.B. einmal pro Woche mit Unterstützung ausgebildeter Pädagogen zu gemeinsamen Aktivitäten zusammenfinden. Alles beruht auf freiwilliger Basis.

Wenn Kinder und Jugendliche vorerst in einem Heim gut untergebracht sind, um für sie ein ruhiges und sicheres Umfeld zu schaffen (pädagogischer Schonraum) und nicht ständiger Wechsel der Heime oder ein Hin und Her, ob und wann eine Rückführung zu den Eltern ansteht, kann eine stationäre Hilfe durchaus ein adäquates Hilfeangebot für Familien, Kinder und Jugendliche sein. Kindern und Jugendlichen eine Möglichkeit zu geben, in einem geschützten Rahmen in einer anderen, schonenden Lebenswelt Beziehungen und Alltagsbewältigung neu zu erlernen sowie regressiv neue Bindungserfahrungen machen zu dürfen, kann im Einzelfall die Begründung für die Indikation Heimerziehung sein.

Interviewbezogenes Fazit

In der vorliegenden Forschung mit dem Thema Indikation wurden Interviews mit Kindern und Jugendlichen geführt, die in stationärer Jugendhilfe betreut wurden oder immer noch betreut werden. Die befragten Kinder und Jugendlichen sind in einem unterschiedlichen Alter. Ein Ergebnis der Befragung drückte eine gewisse Traurigkeit und Befangenheit aus. Die Kinder und Jugendlichen sehen ihr Leben und die Herausforderungen als nicht einfach und oft kompliziert an. Bei den Interviews mit den beiden befragten Mitbewohner*innen gab es folgende Schlussfolgerungen: Es war ein hohes Maß an Individualität zu konstatieren. Die Kinder und Jugendlichen nehmen und nahmen ihre Situation sehr unterschiedlich wahr und zeigten deshalb auch sehr unterschiedliche Reaktionen und Umgangsweisen. Fragen von Resilienz oder Vulnerabilität wurden bei der Auswertung allerdings gesondert bzw. differenziert betrachtet. Ähnlichkeiten gab es immer im Kontext fehlender Empathie und Liebe zu den Eltern. Dieser Faktor wurde von allen Kindern und Jugendlichen in irgendeiner Form benannt.

Die familiären Bezüge sind aber oft mit Streitigkeiten oder Ängsten geprägt, was bei den Kindern und Jugendlichen eine Unsicherheit hinterlässt. Bezugspersonen und die dazugehörige Zuneigung der Eltern, Großeltern als auch das soziale Umfeld spielt dennoch eine große Rolle, denn sie finden daran Halt und Sicherheit. Oftmals geben sie ihr Bestes, um auch familiären Kontakt aufrechtzuhalten, so viel es ihnen selbst möglich und erwünscht ist.

Der Grund ihres Aufenthaltes sind die ständigen Probleme zwischen einem Kind/Jugendlichen und seiner/ihrer Eltern. Der Aufenthalt wird wegen ständigen Auseinandersetzungen begründet, auch wenn sie in den meisten Fällen nicht einmal etwas dagegen unternehmen konnten. Zu interpretieren wäre, dass die Kinder und Jugendlichen sich oft als Schuldige sehen und sich selbst für die Unterbringung verantwortlich fühlen. Aber eine genaue Aufklärung gibt es in dieser Hinsicht nicht, denn die Kinder/Jugendlichen hatten in der Regel kein Mitspracherecht bezüglich der Herausnahme aus der Familie, lediglich bei der Frage der Auswahl der Einrichtung gab es Beteiligung.

Hieraus lässt sich rückschließen, dass ein Gelingensfaktor die Einbeziehung der Kinder und Jugendlichen in die Entscheidung einer Herausnahme oder eben einer stationären Unterbringung sein muss. Die Kinder und Jugendlichen müssen verstehen, warum ein Heimaufenthalt als sinnvoll erachtet wird. Transparenz ist hier oberstes Gebot. Die Kinder und Jugendlichen sollten nicht das Gefühl innehaben, dass sie aufgrund ihres Verhaltens die „Schuldigen" sind.

Sie haben dennoch Orte, wo sie sich am liebsten aufhalten und Hobbys, denen sie nachgehen. Die Kinder und Jugendlichen beschreiben also auch in der schwierigen Situation der Heimunterbringung so etwas wie sichere Orte, an denen sie sich wohlfühlen und Sicherheit empfinden. Gelingensfaktor ist also die Schaffung von Freiräumen von Beginn an. Dazu könnte gehören, die Kinder und Jugendlichen von Anfang an bei der Gestaltung ihres neuen Zimmers einzubeziehen.

Die Hoffnung spielt bei allen Kindern/Jugendlichen eine wichtige Rolle, denn oft genug wurden sie enttäuscht und verlassen. Hoffnung geben ist also ein wesentlicher Gelingensfaktor. Auch in der traumatischen Phase der Herausnahmen und des Umzugs in eine Einrichtung gilt es, hoffnungsvoll in die Zukunft zu blicken. Damit ist nicht gemeint, Dinge zu verschweigen oder gar unrealistische Ziele und Erwartungen zu schüren, sondern dem Kind und dem Jugendlichen Ressourcen aufzuzeigen, die es selbst hat und Möglichkeiten zu erarbeiten, die gemeinsame Zielsetzungen denkbar machen.

Dabei ist die Schaffung eines realistischen Bildes angebracht. Betreuer*innen sind gut beraten, den Kindern und Jugendlichen ein hoffnungsvolles Leben zu vermitteln und vorzuleben, denn aus den Interviews wurde deutlich, dass dies einer der wesentlichen Gelingensfaktoren ist.

„(...) da gibt's halt noch nen Hof
und nen Wald, da kann ich hin
und schreien, wenn ich mal wütend
bin oder so. Hab ich am Anfang
oft gemacht (...)"

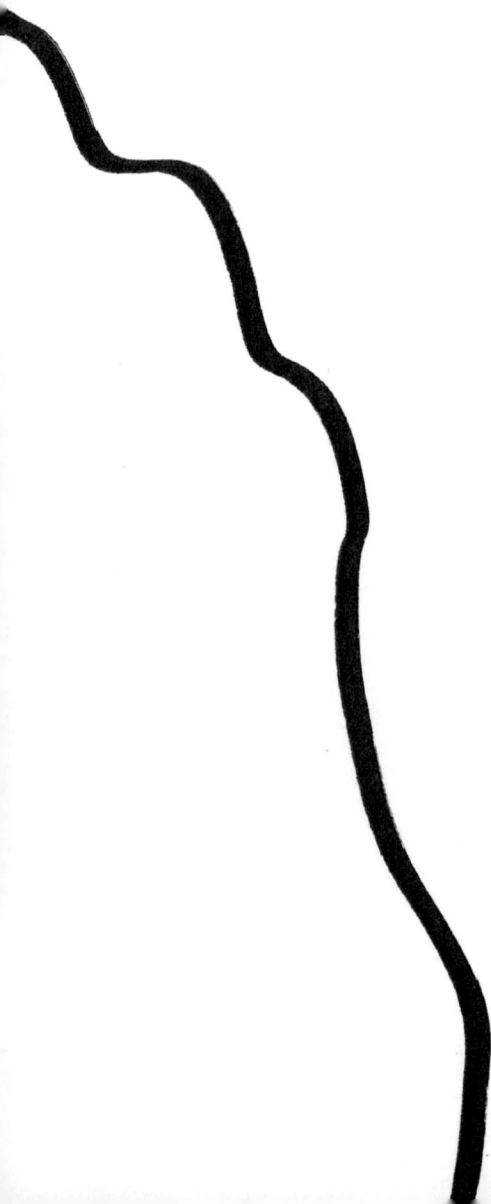

II.
Partizipation

Zehra Burak, Eleonora Cicorella,
Sinem Karatas & Robin Hafemann

1. Einführung

1.1 Begriffserklärung Partizipation

Der Begriff Partizipation kommt aus dem Lateinischem (particeps) und bedeutet „teilhabend" (Brockhaus Enzyklopädie 2006: 65). Allgemein lässt sich Partizipation als die Beteiligung einer Person/Gruppe an verschiedenen gesellschaftlichen Abläufen verstehen (Brockhaus Enzyklopädie 2006). Der Begriff der Partizipation findet sich in unterschiedlichen Bereichen wie der Politik oder Pädagogik wieder. Auch als Rechtsgrundlage ist sie im Gesetzesbereich festgeschrieben (Bukow/Spindler 2000). Als Synonym zur Partizipation wird in erzieherischen Kontexten oft der Begriff „Beteiligung" verwendet (Wolff/Hartig 2013).

In ihrem Buch „Gelingende Beteiligung in der Heimerziehung" fassen Wolff und Hartig den Begriff der Partizipation folgendermaßen zusammen: Beteiligung ist „[...] die freiwillige, aktive Teilnahme, Mitwirkung, Mitgestaltung und Mitbestimmung von Personen oder Gruppen an Entscheidungen, Planung oder Aktivitäten. Beteiligung ist in unserer demokratischen Gesellschaft ein Recht aller Menschen, unabhängig von ihrem Alter" (Wolff/Hartig 2013: 17).

Auch im Bereich der Jugendhilfe ist der Begriff der Partizipation wichtig, da Partizipation für eine gelungene Erziehung der Kinder und Jugendlichen bedeutsam ist (Kriener/Petersen 1999).

1.2 Befähigung zur Partizipation

Hilfen zur Erziehung, wie die stationäre Jugendhilfe, bieten gute Voraussetzungen für eine gelingende Beteiligung, „(...) da sie für Kinder und Jugendliche einen zweiten zentralen Lebensort neben der Familie bilden und dieser als Erfahrungsraum und Lernort genutzt werden kann" (Gadow 2013: 263).

Im Folgenden werden einige essenzielle Bedingungen nach Hartnuß, Birger & Maykus, Stephan (2006) formuliert, welche zu einer erfolgreichen Partizipation beitragen:

Freiwilligkeit
Kinder und Jugendliche sind nicht dazu verpflichtet, an partizipativen Prozessen teilzunehmen.

Nachhaltigkeit
Partizipation sollte kein einmaliges Angebot sein, sondern als fester Bestandteil sowohl in den Hilfen zur Erziehung als auch darüber hinaus integriert und angewendet werden. So hat sie einen positiven Affekt auf die soziale Entwicklung der Kinder und Jugendlichen.

Altersorientierung
Die Formen der Beteiligung müssen altersgerecht gewählt werden, um Über- und Unterforderungen zu vermeiden.

Differenzierungen
„Partizipationsangebote müssen allen Kindern und Jugendlichen offen stehen, dabei bedarf es jedoch differenzierter Angebote nicht nur entsprechend ihres Alters, sondern auch für Jungen und Mädchen, für deutsche und ausländische, für gesunde und behinderte oder kranke, für privilegierte und sozial benachteiligte Kinder und Jugendliche" (Hartnuß/Maykus 2006: 14).

Lebensweltorientierung
Behandelte Themen sollten an den Interessen und Lebensumständen der Kinder und Jugendlichen orientiert sein.

Qualifizierung
Partizipation soll nicht darauf abzielen, einem Konzept zu entsprechen. Vielmehr sollen Kinder und Jugendliche durch Aktivitäten sich selbst dazu qualifizieren, Partizipation zu ermöglichen.

Vor allem die Punkte Differenzierung und Qualifizierung spielen im Kontext der Befähigung eine wichtige Rolle. Partizipation gilt einerseits als Voraussetzung für Bildungsprozesse, andererseits erfordert sie jedoch bestimmte Kompetenzen, um äquivalent an Teilhabe- und Beteiligungsprozessen mitzuwirken. Kinder und Jugendliche aus bildungsfernen- oder prekären Milieus haben dadurch schlechtere Chancen auf eine gelingende Partizipation (Hartnuß/Maykus 2006).

1.3 Strukturelle Voraussetzungen in Institutionen

Voraussetzung der Partizipation von Kindern und Jugendlichen ist in erster Linie die Bereitschaft Erwachsener, Entscheidungsbefugnisse abzugeben. Ist dies nicht der Fall, sind die Kinder und Jugendlichen in ihren partizipativen Teilhabeprozessen eingeschränkt. Die Kinder- und Jugendbeteiligung ist gesetzlich im nationalen und internationalen Recht verankert, worauf im Laufe dieser Arbeit noch detaillierter eingegangen wird. An dieser Stelle soll jedoch bereits ein Beispiel für Verankerung der Kinder- und Jugendpartizipation angeführt werden, da die rechtliche Grundlage eine grundliegende Rolle für strukturelle Voraussetzungen spielt. Im Folgenden ist der „Beteiligungsparagraf" der Gemeindeordnung des Bundeslandes Schleswig-Holsteins dargestellt, welcher der Aktion „Schleswig-Holstein, Land für Kinder" einen normativen Rahmen verleiht und als Beispiel dienen soll.

§47 f Beteiligung von Kindern und Jugendlichen
(Gemeindeordnung Schleswig-Holstein):

1. Die Gemeinde muss bei Planungen und Vorhaben, die die Interessen von Kindern und Jugendlichen berühren, diese in angemessener Weise beteiligen. Hierzu muss die Gemeinde über die Beteiligung der Einwohnerinnen und Einwohner nach §§ 16 a bis 16 f Gemeindeordnung Schleswig-Holstein hinaus geeignete Verfahren entwickeln.

2. Bei der Durchführung von Planungen und Vorhaben, die die Interessen von Kindern und Jugendlichen berühren, muss die Gemeinde in geeigneter Weise darlegen, wie sie diese Interessen berücksichtigt und die Beteiligung nach Abs. 1 durchgeführt hat (Bertelsmann Stiftung 2008: 19)

Strukturelle Verankerung von Partizipation ist ein Qualitätsstandard der Beteiligung. Ist Partizipation Kinder und Jugendlicher beispielsweise im Konzept einer Einrichtung der stationären Jugendhilfe festgehalten, kann es zur Einführung von Beteiligungsgremien wie Kinderparlamenten kommen. Gesetzliche Vorgaben und eine strukturelle Verankerung von Rechten allein gewährleisten jedoch keine erfolgreiche Partizipation. Auch in der Jugendhilfe müssen alle Mitarbeiter*innen „(...) über beteiligungsfördernde, pädagogische Handlungsprinzipien und Grundhaltungen verfügen. Darin ist enthalten, dass sie die Definition von Partizipation den Heranwachsenden überlassen und sie somit als Experten in der Bewertung von ihrer Dienstleistung anerkennen" (Umlauf 2013: 30).

1.4 Theoriediskurs

Janusz Korczak

Der polnische Pädagoge und Schriftsteller Janusz Korczak war vorerst Kinderarzt. Die Ausübung seines Berufes als Arzt in seiner Praxis gab er für pädagogische Tätigkeiten auf (Kerber-Ganse 2009). Er hat von 1911 bis zu seiner Ermordung 1942 durch das Naziregime Waisenhäuser geleitet (Stender 2008). Während seiner erzieherischen Tätigkeiten in den Waisenhäusern schrieb er mehrere Artikel, in denen er seine bedeutenden Erkenntnisse für die damalige sowie heutige Pädagogik verfasste. Er entwickelte seine Pädagogik immer weiter und hielt diese in neueren Veröffentlichungen fest. Die Pädagogik Korczaks beruht auf Menschenrechte und sieht Kinder als vollwertige Individuen an. Sie fordert Grundrechte für Kinder ein. Diese gab Korczak 1919 in seiner „Magna Charta Libertatis" bekannt. Einige Jahre später verfasste er die „Pädagogik der Achtung", welche als Grundlage der von Korczak formulierten Grundrechte verstanden werden kann (Kerber-Ganse 2009). Im Folgenden werden diese erläutert:

1. Recht des Kindes auf seinen Tod: Auch, wenn der Ausdruck dieses Rechtes zuerst für Verwirrung sorgt, meint er genauer betrachtet, dass das Kind ein Recht zum Leben hat (Schildt 1982). Dies bedeutet, dass Kinder selbst über ihren eigenen Körper bestimmen dürfen (Radtke 2000 zit. n. Stender 2008). Zudem brauchen sie Entfaltungsraum, um ihre eigenen Erfahrungen sammeln zu können, unabhängig davon, ob diese positiv oder negativ sind (Korczak 2005 zit. n. Stender 2008). Des Weiteren spricht dieses Recht gegen übermäßige Fürsorge in der Erziehung, die durch Angst vor möglichen schlechten Erfahrungen von Kindern entsteht. Dies grenzt Kinder in ihrem Verhalten ein (Stender 2008).

2. Recht des Kindes auf den heutigen Tag: Dieses Recht beschreibt, dass es nicht Ziel der Erziehung ist, Kinder in ihrer Kindheit auf das spätere Leben vorzubereiten. Kindern muss

gewährt werden, ihre Gegenwart und bestehende Momente erleben zu können (Stender 2008). Das bedeutet, Kinder dürfen Handlungen, Wünsche, Forderungen, Meinungen haben und zeigen, die gerade für sie zu diesem Zeitpunkt wichtig sind (Schildt 1982).

3. Recht des Kindes so zu sein, wie es ist: Dieses Recht hat den Anspruch, Kindern Individualität zuzusprechen. Sie dürfen so sein, wie sie sind (Stender 2008). Korczak sah in den Kindern die Fähigkeit, betreffende Themen selbst zu beurteilen. Kinder kennen eigene Bedürfnisse, Schwierigkeiten und können Eigenverantwortung tragen. Daraus folgend ist es nicht Aufgabe der Erziehung, Kindern eigene Normen weiterzugeben, sondern sie durch Möglichkeiten in ihrer eigenen Identitätsentwicklung und Selbstbestimmung zu unterstützen (Schildt 1982).

Korczaks Pädagogik hat das Ziel, Kindern durch aktive Teilnahme an Gestaltungsprozessen beizubringen, selbstverantwortlich und selbstständig zu handeln (Kerber-Ganse 2009). Um den Ansatz der Beteiligung von Kindern in allen Lebensbereichen zu verfolgen, müssen Personen mit Erziehungsaufgaben auf hierarchische Beziehung verzichten (Schildt 1982). Es muss ein partnerschaftliches Verhältnis herrschen, in dem man sich gemeinsam auf Regeln und Strukturen einigt, ohne dass sich Kinder und Jugendliche bestehenden Regeln fügen müssen (Stender 2008). Erwachsene sollen die Rechte der Kinder beachten, sie begleiten und ihnen keine Vorschriften aufzwingen. Sie sollen empathisch sein und den Kindern freie Ebenen schaffen, die Entfaltung, Veränderung und Beteiligung ermöglichen (Kluge et al. 1981). Hierfür hat Korczak in seinen Waisenhäusern verschiedene Organisationen eingeführt, wie unter anderem das Kameradschaftsgericht, Kinderparlament und die Tagesdienste (Schildt 1982).

Korczak hat für die Achtung, Wertschätzung und Gleichstellung von Kindern großen Beitrag geleistet (Kirchner zit. n. Liebel 2013):

„Mit vielen Reformpädagogen glaubte auch Korczak: „die Welt zu reformieren" heiße, „das Erziehungssystem zu reformieren". […] Anders aber als viele andere Reformpädagoginnen und -pädagogen hatte er keinen Plan, kein System, kein Regelwerk, keine Strategie zur Beantwortung der Frage, wie die Reform der Erziehung und der Schule zu erfolgen habe" (Skiera 2003: 436).

Dennoch war er ein Wegbereiter der Kinderrechte (Liebel 2013). Korczak forderte nicht nur subjektives Recht für Kinder ein, er war auch in seiner Erziehungspraxis bestrebt, diese durch Mitwirkung und Selbstverwaltung umzusetzen (Beiner zit. n. Liebel 2013). Durch Schriften von Korczak können wir die heutige Kinderrechtskonvention besser verstehen und erfassen. Seine Gedanken für die Auflösung der ungleichen und autoritären Machtverhältnisse zwischen Kindern und Erwachsenen sind bis heute wichtige Errungenschaften in der Pädagogik. Denn nur durch das Mitwirken der Kinder können Erwachsene ihre eigenen Grenzen und die Ressourcen der Kinder erkennen (Kerber-Ganse zit. n. Liebel 2013). In der heutigen Pädagogik zeigen sich Grundgedanken und Praktiken von Korczak, die von Bedeutung sind. Kinder müssen Beteiligte sein, wenn eine nachhaltige Eigenständigkeit, gelingender Austausch und Gleichberechtigung bestrebt ist. Dafür ist die Pädagogik von Korczak heute noch unerlässlich. Korczak sah in den Fehlern der Kinder Möglichkeiten für ihre Entwicklung. Heute kann es gegen den tendenziellen Perfektionismus wirken. Auch seine Einstellung, Kindern Raum zu schaffen, ohne Überbehütung, wo sie sich selber entwickeln und entfalten können, ist im heutigen Erziehungskontext essenziell (Berg 2013). In der Erziehungsgeschichte hat Korczak mit seinen Werken und praktischen Erkenntnissen eine bedeutende Stellung, die viel mehr ist als eine Fürsorgeerziehung (Skiera 2003).

Martina Kriener und Kerstin Petersen

Kriener und Petersen vergleichen zwei bedeutende sozialwissenschaftliche Konzepte: die Lebensweltorientierung von Hans Thiersch und die Dienstleistungstheorie. Beide Konzepte weisen Gemeinsamkeiten in Bezug auf die Partizipation von Jugendlichen auf, indem sie der Partizipation in der Arbeit mit Jugendlichen große Bedeutung zuschreiben.

Sie sehen eine erfolgreiche Unterstützung auch durch eine gelungene Partizipation der Adressat*innen. Die Vordenker der beiden Theorien wollten mit diesem Gedanken ein Paradigma in der Jugendhilfe setzen und so eine tiefgründige Veränderung erreichen (Kriener/Petersen 1999). Im Folgenden werden beide Konzepte separat in Hinblick auf die Verwirklichung der Partizipation analysiert.

Partizipation in der lebensweltorientierten Jugendhilfe

Die lebensweltorientierte Jugendhilfe bietet dem Kinder- und Jugendhilfegesetz eine wichtige Basis für die Arbeit in der Praxis vor dem Hintergrund des modernen Sozialstaates. Ziel dieses Konzeptes ist es, an den Lebenswelten, Alltagsaufgaben und an den daraus resultierenden Ressourcen anzusetzen, mit der Absicht, Partizipation zu ermöglichen (Kriener/Petersen 1999). Vordergründig ist es den Erlebnissen, den persönlichen Eindrücken Raum zu geben sowie das individuelle Bestreben der Klient*innen zu beachten (Perko 2017).

Für die Verwirklichung formuliert das Konzept der lebensweltorientierten Jugendhilfe fünf Strukturmaxime: Prävention, Dezentralisierung/Regionalisierung, Alltagsorientierung und Integration. Als fünfte Maxime wird die Partizipation näher erläutert (Kriener/Petersen 1999). Sie kennzeichnet sich als „Freiwilligkeit, Mitbestimmung, Selbstbestimmung und ist eine Frage von Rechtspositionen und institutionellen Regelungen, damit sich die Betroffenen (...) Gehör (...) verschaffen." (Achter Jugendbericht 1990; Thiersch 1997 zit. n. Kriener und Petersen 1999: 24).

Außerdem wird der Mensch als Subjekt hervorgehoben, um das Bewusstsein des Menschen als selbstbestimmtes und reflektiertes Individuum zu erkennen (Mennemann/Dummann 2016). Dieser Gedanke unterstreicht die Partizipation in der lebensweltorientierten Jugendhilfe.

Partizipation in der dienstleistungsorientierten Jugendhilfe

Auch bei der Dienstleistungstheorie ist die Partizipation ein ausschlaggebender Aspekt, der aber zeitweise unbeachtet bleibt. Die Wichtigkeit zeigt sich nicht zuletzt dadurch, dass in den Dienstleistungskonzepten effektive Dienstleistungen grundsätzlich nur durch eine Gemeinschaftsarbeit mit den Adressat*innen entwickelt werden können (Badura/Gross 1976; Gartner/Riesman 1978; Olk 1994 zit. n. Kriener und Peterson 1999). In der Jugendhilfe kann nur durch die Zusammenarbeit und Beteiligung mit den Jugendlichen Dienstleistung erbracht werden.

Das Konzept der Dienstleistungstheorie hebt die Zusammenarbeit zwischen den Personen, die die Dienstleistung erbringen und denjenigen, die diese in Anspruch nehmen, hervor. Ohne diese Kooperation kann keine erfolgreiche Leistung erbracht werden und das Angebot findet keine Optimierung. Mithin geraten beide Seiten in einen „wechselseitigen Zusammenhang zwischen Nachfrage und Angebot" (Kriener/Petersen 1999: 26). Die Partizipation ist ein unerlässlicher Faktor bei der dienstleistungsorientierten Jugendhilfe, um eine wirksame Interaktion zu ermöglichen (Kriener/Petersen 1999).

2. Rechtliche Grundlagen

2.1 Die UN-Kinderrechtskonvention

Die UN-Kinderrechtskonvention ist ein grundlegender Meilenstein für die Kinderrechte, hiermit werden diese mit Menschenrechten gleichgestellt. Sie macht die Anerkennung von Kindern und Jugendlichen als aktive Mitbürger*innen zu einem zentralen Thema in der gegenwärtigen Gesellschaft. Untrennbar mit dem politischen Diskurs verbunden ist die Figur von Janusz Korczak, der diese Anerkennung als Grundrecht betrachtet und dessen Entwicklung „nicht nur das Verhältnis zwischen Staat und autonomen Bürgern betrifft, sondern als kulturelle Herausforderung für die Beziehung zwischen Erwachsenen und Kindern neu zu denken ist" (Kerber-Ganse 2009: 193).

Neben dem deutschen Recht beschäftigen wir uns mit einer höheren internationalen Instanz, den Vereinten Nationen, deren 178 Vertragsstaaten 1989 die UN-Kinderrechtskonvention ratifizierten. Damit verpflichten sie sich dazu, ihre Rechtsordnung im Sinne dieses Übereinkommens zu gestalten und sich stark daran zu orientieren. Das gesamte deutsche und internationale Gesetz scheint den emanzipatorischen Aspekt der Partizipation stark zu berücksichtigen und diesen konkret realisieren zu wollen – ob dies in der Praxis gelingt, bleibt umstritten. In diesem Abschnitt fokussieren wir uns auf zwei Aspekte: einen eher linguistischen und einen konkreten inhaltlichen Aspekt, den Artikel 12 der UN-Kinderrechtskonvention.

Im Originaltext wurde der Ausdruck „the best interest of the child" mit der deutschen Formulierung „das Wohl des Kindes" übersetzt – „the best interest" bzw. „im besten Interesse des Kindes" wird de facto entfernt. Die Wahl des Ausdrucks ändert unvermeidlich das Verständnis und die Interpretation dieses Satzes. „Im besten Interesse des Kindes" stellt das Kind als anerkanntes Subjekt dar, einen Menschen mit eigenen Interessen und Bedürfnissen. Andererseits wird das Kind mit dem Wort

„Kindeswohl" zum Objekt, die Objektivierung des Kindes zentralisiert die Themen des Schutzes und der Fürsorge und eliminiert das humanistische Element, wonach die Konvention eindeutig strebt (Kinder und Jugendliche haben Rechte, Stand: 1.02.2019).

Im Artikel 12, Abs. 1 der UN-Kinderrechtskonvention ist Folgendes zu lesen: „Die Vertragsstaaten sichern dem Kind, das fähig ist, sich eine eigene Meinung zu bilden, das Recht zu, diese Meinung in allen das Kind berührenden Angelegenheiten frei zu äußern, und berücksichtigen die Meinung des Kindes angemessen und entsprechend seinem Alter und seiner Reife."

Zu diesem Artikel ist unter den „Allgemeinen Bemerkungen" – diese nehmen einzelne Artikel der betreffenden Konvention ins Visier und haben eine aufklärende Funktion – (Kerber-Ganse 2009: 100) folgende Formulierung zu lesen: „The right of the child to be heard" (dt. „Recht auf Gehör"). Der Begriff „Partizipation" kommt nicht explizit vor, nichtsdestotrotz ist eine politische Botschaft zwischen den Zeilen zu lesen:

„Beteiligung dient demnach der politischen Sozialisation des zukünftigen Staatsbürgers als eines Heranwachsenden, der schon jetzt, obwohl noch nicht als mündig deklariert, sich informiert und aktiv in die Gestaltung des demokratischen Gemeinwesens einbringen können soll." (Kerber-Ganse 2009: 190).

2.2 Sozialgesetzbuch VIII

Die Frage nach der Umsetzung der von den Vereinten Nationen gegebenen Richtlinien wird an dieser Stelle vertieft, insbesondere wird das Sozialgesetzbuch VIII, die Kinder- und Jugendhilfe, unter die Lupe genommen. Schon im Grundgesetz der Bundesrepublik Deutschland ist im Artikel 2 Folgendes zu lesen: „Jeder hat das Recht auf Leben und körperliche Unversehrtheit. Die Freiheit der Person ist unverletzlich" sowie „Alle Menschen

sind vor dem Gesetz gleich" (GG Art. 2). Hier wird die Gleichstellung von Menschenrechten und Kinderrechten noch einmal
deutlich gemacht.

Bereits im allgemeinen Teil, dem ersten Kapitel des SGB VIII,
wird im §8 Abs. 1 ein Beteiligungsrecht für Kinder und Jugendliche erwähnt: Nach §8 Abs. 1 SGB VIII sind „Kinder und Jugendliche entsprechend ihrem Entwicklungsstand an allen sie
betreffenden Entscheidungen der öffentlichen Jugendhilfe zu
beteiligen" (§8 Abs. 1 SGB VIII). Welches Ziel will man damit
verfolgen? Wenn man Kinder und Jugendliche in ihren eigenen
Lebensbereichen mehr Selbstbestimmungsmöglichkeiten gibt,
werden diese mündige Individuen, die sich in einer zivilgesell-
schaftlichen Demokratie aktiv einbringen können.

Nicht nur das Gesetz spielt hierbei eine wesentliche Rolle, sondern auch dessen Umsetzung und die allgemein anerkannten
Werte einer Gesellschaft: das soziale Engagement und die gesellschaftliche Mitverantwortung müssen an dieser Stelle genau vermittelt werden. Gemäß §9 SGB VIII „sind die wachsende
Fähigkeit und das wachsende Bedürfnis des Kindes oder des Jugendlichen zu selbständigem, verantwortungsbewusstem Handeln sowie die jeweiligen besonderen sozialen und kulturellen
Bedürfnisse und Eigenarten junger Menschen und ihrer Familien zu berücksichtigen" (§9 SGB VIII) und nach §36 Abs. 2 SGB
VIII ist die Partizipation ein zentrales Thema:

„Als Grundlage für die Ausgestaltung der Hilfe sollen sie zusammen mit dem Personensorgeberechtigten und dem Kind
oder dem Jugendlichen einen Hilfeplan aufstellen, der Feststel-
lungen über den Bedarf, die zu gewährende Art der Hilfe sowie
die notwendigen Leistungen enthält" (§36 Abs. 2 SGB VIII). Die
gemeinsame Erstellung eines Hilfeplans will nicht nur die einfache Rhetorik der „democracy first" unterstützen, sondern ist
auch eine aktive Anerkennung der jungen Person an sich und
die Umsetzung der Demokratie in alltäglichen Prozessen.

Über eine weitere partizipative Absicht im §36 SGB VIII berichtet Münder (Tagungsdokumentation 1995: 65): „Durch eine frühe und umfassende Beteiligung der betroffenen Minderjährigen und Personensorgeberechtigten soll ihren Rechten Rechnung getragen, die Entscheidungsfindung erleichtert, die Akzeptanz der gewählten Hilfeform gesteigert und zugleich erreicht werden, dass Kinder, Jugendliche und Eltern sich als ernst genommene und ernstzunehmende Partner im Entscheidungsprozess wahrnehmen können."

Nach §11 Abs. 1 SGB VIII sollen diese Angebote „an den Interessen junger Menschen anknüpfen, ihnen Mitbestimmung und Mitgestaltung ermöglichen und somit zu Selbstbestimmung befähigen und zu gesellschaftlicher Mitverantwortung und sozialem Engagement anregen und hinführen" (§11 Abs. 1 SGB VIII). §12 Abs 2 SGB VIII fokussiert die Förderung auf die selbst organisierte, „gemeinschaftlich gestaltete und mitverantwortete" (§12 Abs. 2 SGB VIII) Jugendarbeit von jungen Menschen. Das Gesetz scheint Partizipation als grundlegendes Recht zu betrachten und wahrzunehmen, einige kritische Punkte bleiben offen und werden an dieser Stelle zusammengefasst:

1. Inwiefern sind diese Rechte direkt von den Kindern und Jugendlichen einklagbar?

2. Wie aufgeklärt sind die berechtigten Personen über solche rechtlichen Instrumente?

3. Wie auch im § 12 SGB VIII zu lesen ist, werden die „Muss-Bestimmungen meistens von den „Soll-" und „Kann-" Bestimmungen überwogen.

4. Ein letzter willkürlicher Aspekt ist auch die im Gesetz fehlende Spezifizierung der Form und der Umsetzung in der Praxis, d.h., wie sieht es eigentlich in der Praxis aus? Welche Maßnahmen werden im Alltag ergriffen, um das Partizipations-Modell zu ermöglichen?

Gemäß §45 SGB VIII ist eine Betriebserlaubnis erst dann zu erteilen, „wenn das Wohl der Kinder und Jugendlichen in der Einrichtung gewährleistet ist. Dies ist in der Regel anzunehmen [...] wenn zur Sicherung der Rechte von Kindern und Jugendlichen in der Einrichtung geeignete Verfahren der Beteiligung sowie der Möglichkeit der Beschwerde in persönlichen Angelegenheiten Anwendung finden" (§45 Abs. 2 Satz 2 Nr. 3 SGB VIII).

Beteiligungs- und Beschwerdeverfahren sind unumgängliche Säulen der gesamten Konzeption der Einrichtung und eine einzigartige Gelegenheit, den partizipativen Prozess allumfassend zu unterstützen. Es geht hier um die Beteiligungsrechte von Kindern und Jugendlichen und die Zusammenarbeit mit verantwortungsbewussten Arbeitskräften der Jugendhilfe, welche die Beteiligungsrechte in der Einrichtungskonzeption unbedingt verankern müssen.

3. Partizipative Prozesse und deren Auswirkung

3.1 Effekte der Partizipation auf Kinder und Jugendliche

Es gibt viele verschiedene Aspekte, die die zentrale Bedeutung der Beteiligung von Kindern und Jugendlichen darstellen (Wolff/Hartig 2013). Ein wichtiger Grund für die Beteiligung der Kinder und Jugendlichen ist, dass dadurch Eigenverantwortung gelernt und erfahren wird (Wolff/Hartig 2013). Insgesamt ist festzuhalten, dass Partizipation von Kindern und Jugendlichen ihre Entwicklung beeinflusst. So ist sie ein zentrales Merkmal für eine qualitative Arbeit mit ihnen (Kriener/Petersen 1999). Erziehung, die Partizipation als selbstverständlich und grundlegend versteht, führt zum einen zu einer eigenständigen und selbstverantwortlichen Lebensführung, zum anderen befähigt sie zur Teilnahme an der Gemeinschaft.

Um diese Ziele zu erreichen, ist es notwendig, den Kindern Möglichkeiten zu geben, diese zu erfahren. Kinder und Jugendliche sollen ihre eigenen Fähigkeiten kennenlernen und diesen vertrauen. Durch die Beteiligung erfahren sie die eigenen Stärken und Schwächen. Dies ist elementar für sie, um sich selbst zu entdecken und zu versuchen. So können Kinder und Jugendliche ihr eigenes Leben auch während ihrer Entwicklung als „Selbst" mit ihren eigenen Vorstellungen im Rahmen ihrer eigenen Fähigkeiten und Kräften führen und mitwirken (Wolff/Hartig 2013). Dafür sollte der Alltag der Kinder und Jugendlichen Situationen bieten, bei denen sie diese erfahren und lernen können. Mithin wird von den Erwachsenen fachliches Wissen, Flexibilität und Zeit erfordert (Niediek/Ling 2009 zit. n. Gräf/Probst 2016).

Ein weiterer Effekt der Beteiligung ist die Ermöglichung der Anteilnahme in der Gesellschaft bzw. Gemeinschaft. Hier sind folgende Aspekte zu betrachten: Zum einen geht es um die Ermöglichung der Beteiligung an gemeinsamen Angelegenheiten, hierbei um die von der Einrichtung angebotenen Chancen auf Mitwirkung. Zum anderen geht es um die aktive Mitwirkung der Kinder und Jugendlichen. Dies meint unter anderem das engagierte und von sich aus kommende Beitragen der eigenen Ideen und Positionen in der Gemeinschaft (Niediek 2008 zit. n. Gräf/ Probst 2016). Durch Beteiligung lernen Kinder und Jugendliche Normen und Handlungsweisen für ein soziales Miteinander. Auch wird das selbstständig aktive Beitragen und Durchsetzen von eigenen Meinungen und Wünschen erlernt. Die gleichgestellte Anteilnahme an der Gesellschaft bringt wichtige Werte und Verhaltensweisen mit sich, bei denen Kinder und Jugendliche lernen, effektiv und angemessen Entscheidungen treffen zu können. Somit erfahren sie Interessen anderer respektvoll und verantwortungsbewusst anzunehmen, gleichzeitig aber ihre eigenen Interessen zu äußern und einzufordern (Wolff/ Hartig 2013).

Ein weiterer Effekt der Beteiligung der Kinder und Jugendlichen ist der daraus resultierende Schutzfaktor. In stationären Einrichtungen sollten bestimmte Grundsätze der Kommunikation angestrebt werden, um einen möglichen Machtmissbrauch der Betreuer*innen entgegenzuwirken. Die Kommunikation in der Gemeinschaft sollte frei von Angst und Verboten sein. Zudem sollten Kindern und Jugendlichen angemessene Chancen und Gelegenheiten für die Äußerung von Kritik gegeben werden, damit sie sich geschützt und wohl fühlen. Dies gelingt, indem eine gleichberechtigte Kommunikation zwischen den Kindern und ihren Betreuer*innen herrscht. Kinder dürfen sich beteiligen, indem ihre Rückmeldungen und Ansichten wahrgenommen werden. Ein angemessenes Nähe-Distanz-Verhältnis unterstützt das Ziel und schafft den Kindern eine Ebene der Sicherheit, in dem sie sich trauen zu äußern. Um diese Schutzfunktion zu erzielen, sollten Sorge- und Beschwerdemöglichkeiten etabliert werden (Wolff/Hartig 2013).

Mit Etablierung dieser Ziele in den Institutionen kann Kindern und Jugendlichen schon früh ein Gefühl für Demokratie vermittelt werden. Die Beteiligung wird als ein Grundstein definiert, mit der heranwachsende Bürger die Realisierung einer demokratischen Gesellschaft erlernen (Kerber-Ganse 2009).

3.2. Stufenmodelle der Partizipation

Wird in der Sozialen Arbeit von Partizipation gesprochen, wird damit oft das Recht auf Teilhabe und Selbstbestimmung der Adressaten*innen assoziiert. Partizipation impliziert jedoch weitaus mehr als das. Anhand des Stufenmodells nach Schröder (1995), welches politische Partizipation beschreibt, lassen sich Beteiligungsverfahren besser kategorisieren und beurteilen.
Mit Hilfe der Stufenleiter der Beteiligung von Richard Schröder (1995) in Anlehnung an Roger Hart (1992) und Wolfgang Gernert (1993) kann der Grad der Mitbestimmung und Selbstbestimmung von Kindern und Jugendlichen abgelesen werden. Umso mehr die jungen Heranwachsenden an Entscheidungsprozessen teilhaben und mitwirken können, desto höher ist die Stufe, auf der sie sich befinden. Man spricht daher von politischer Partizipation. Die einzelnen Stufen müssen dabei altersgerecht und angemessen sein, da es sich um Kinder und Jugendliche aus den Hilfen zur Erziehung handelt. Um Richard Schröder zu zitieren:

„Nicht überall, wo Kinder und Erwachsene gemeinsam auftreten, kann von kindgerechter Beteiligung gesprochen werden" (Schröder 1995: 15).

Das neunstufige Modell reicht von Nicht-Beteiligung über Quasi-Beteiligung bis hin zur Partizipation. „Während man von den unteren drei Stufen nicht von Beteiligung sprechen kann, zeigen die fünf oberen Stufen Formen ‚echter' Beteiligung" (Wolff/ Hartig 2013: 20).

Fremdbestimmung, Dekoration und Alibi-Teilnahme zählen zu den unteren drei Stufen der Stufenleiter und sind als nicht partizipative Stufen definiert. Wird von Fremdbestimmung gesprochen, geht diese mit Manipulation einher. Ein gutes Beispiel dafür sind Kinder, welche auf Demonstrationen Plakate tragen, ohne den Bezug dazu zu begreifen. Auf der Stufe der *Alibi-Teilnahme*, beispielsweise an Kinderparlamenten, sind Kinder und Jugendliche anwesend, haben jedoch keine Stimme bzw. Entscheidungsmacht. Auf den Stufen Teilhabe; Zugewiesen, aber informiert und Mitwirkung wird von einer Quasi-Beteiligung gesprochen. Wenn es den Kindern und Jugendlichen ermöglicht wird, sich sporadisch an Prozessen zu beteiligen, statt nur daran teilzunehmen, befinden sie sich auf der Stufe der Teilhabe. Wirken sie mit, werden also befragt, besitzen jedoch weiterhin keine Entscheidungsmacht, befinden sie sich auf der mittleren Stufe der Mitwirkung.

Gelingende Partizipation findet dann statt, wenn Kinder und Jugendliche mitbestimmen, selbst bestimmen und sich selbst verwalten können. Durch Mitbestimmung besitzen sie ein Beteiligungsrecht, um beispielsweise demokratisch an Entscheidungsprozessen teilzunehmen. Sobald Kinder ihre Eigeninitiativen entwickeln können und dadurch selbstbestimmt Projekte leiten, können sie mit Hilfe von Erwachsenen Entscheidungen fällen. Die abschließend höchste Stufe der Partizipation ist die Selbstverwaltung, die eine völlige Entscheidungsfreiheit bedeutet. Sie ist die höchste Form der Demokratie auf Kinder- und Jugendlichenebene (Wolff/Hartig 2013: 21 ff.).

Es bestehen verschiedene Formen für die Beteiligung von Kindern und Jugendlichen. Die individuelle Beteiligung umfasst alle persönlichen Themen, die die Kinder und Jugendlichen individuell angehen (z.B. Hilfeplanung, Freizeitgestaltung). Bei der alltäglichen Beteiligungsform geht es um die Mitwirkung in der Gemeinschaft. Sie bezieht sich auf Angelegenheiten, die alle in der Einrichtung betreffen (z.B. Planen von Freizeitaktivitäten und Menülisten). Die punktuelle Beteiligungsform bezeichnet Mitwirkungen oder Handlungen, die für einen kurz begrenzten Zeitraum gestaltet werden (z.B. Fragebogenbefragung, Wahlen). Die projektbezogene Beteiligungsform beschreibt Projekte, die den Kindern und Jugendlichen die Möglichkeit geben, diese zu planen und durchzuführen. Der Inhalt dieser verfolgt ein Ziel und ist zeitlich begrenzt (z.B. Kunstprojekte, Feste in der Einrichtung, Tag der offenen Tür). Bei der offenen Form der Beteiligung können Kinder und Jugendliche ihre Ansichten bei Versammlungen äußern und diskutieren (z.B. Haus- und Planungsversammlungen).

Durch die repräsentative Beteiligungsform werden Kinder und Jugendliche in Gremien beteiligt. In diesen werden Kinder als Vertreter*innen von Kindern gewählt (z.B. Heimrat). Die medienorientierte Form der Beteiligung beinhaltet das Einbringen von Kindern und Jugendlichen bei Realisierung von Homepages und Zeitschriften (Wolff/Hartig 2013). Die aufgezählten Formen müssen Alter, Entwicklungsstand und Ziele der Kinder berücksichtigen (Schröder 1995). Für eine Beteiligung von Kindern und Jugendlichen ist dies erforderlich (Wolff/Hartig 2013).

Für die Umsetzung von Beteiligung in der Praxis der stationären Jugendhilfe sind neben den genannten Formen auch andere wesentliche Merkmale von großer Bedeutung (Ackermann/Robin 2017). Es ist wichtig, vor Augen zu führen, dass es ein Thema ist, das sowohl Bewohner*innen als auch Mitarbeiter*innen in der Einrichtung betrifft. Für die Atmosphäre der Mitwirkung braucht es nicht nur ein großes Maß an Bereitwilligkeit und Beteiligung aller, sondern auch Grundsätze der Beteiligung, die für alle Gültigkeit haben und definiert sind. Partizipation muss als eine Grundregel bestehen. Für die Praxis bedeutet das, ein gemeinsames Einheitsverständnis zu etablieren.

Diese kann man unter anderem durch ein Leitbild der Einrichtung umsetzen. Es ist von Vorteil, diese Grundmerkmale zu verschriftlichen und bereitzustellen, damit auch Betreute sich informieren können (Wolff/Hartig 2013).

In der Umsetzung der Praxis sollten alle Betreuer*innen ein einheitliches Verständnis von Beteiligung haben, damit die Kinder nicht widersprüchliches erzieherisches Verhalten erfahren. Dabei helfen gemeinsame Fortbildungen zu dem Thema, um ein gemeinsames Verständnis von Partizipation zu entwickeln. Außerdem können sie dadurch Kompetenzen im Bereich des Wissens und der Methodik bezüglich der Beteiligungsmöglichkeiten für Kinder und Jugendliche erwerben, sie erweitern und in der Praxis anwenden. Um aber nach einer Pädagogik der Beteiligung handeln zu können, braucht die Praxis genügend Zeitraum. Sonst kann es nur bei erfolglosen Bemühungen bleiben. Auch Kinder und Jugendliche sollten geschult werden, wie sie ihr Leben eigenständig in Beziehung zu anderen führen können. Dies sollte als kein Bonus für sie gesehen werden, sondern als ein Grundrecht, dessen Inanspruchnahme sie auch lernen sollten. Dafür sollte der Alltag in den stationären Einrichtungen den jungen Menschen die Erfahrungsräume anbieten. Der Anfang des Übergangs in eine stationäre Einrichtung ist ein wichtiges persönliches Lebensereignis und beeinflusst den Verlauf der Hilfe. Deshalb sollten, besonders bei der Hilfeplanung, Kinder und Jugendliche, je nach Ausgangskontext und Lage, mitbeteiligt werden (Ackermann/Robin 2017).

4. Fazit

Abschließend lässt sich feststellen, dass die Partizipation für eine gelingende stationäre Hilfe ein grundlegender Faktor ist. Hierbei ist besonders zu beachten, dass alle in diesem Kontext Arbeitenden ein einheitliches Verständnis von Partizipation haben und eine bestimmte Haltung gegenüber den Kindern einnehmen. Dazu zählt die Bereitschaft, Entscheidungs- und Handlungsbefugnisse an Kinder abzugeben und eine beratende Rolle einzunehmen.

Dies setzt voraus, Kinder als vollwertige Individuen mit ihren entsprechenden Rechten anzunehmen. Für diese pädagogische Umsetzung ist Korczak nach wie vor zu zitieren. Seine formulierten Rechte setzten den Rahmen für eine gelingende Partizipation von Kindern. Er setzt sich dafür ein, dass Kinder die Möglichkeit haben, ihre Meinungen und Bedürfnisse frei äußern zu können. Gleichzeitig ist es wichtig, ihnen den Freiraum und das Vertrauen zu geben, selbstbestimmt zu handeln.

Kinder, die eine partizipative Erziehung erlebt haben, sind auf das Leben vorbereitet. Sie führen ein eigenständiges und selbstständiges Leben und stehen für ihre eigenen Rechte unter Berücksichtigung der demokratischen Werte ein.

Partizipation ist ein unersetzlicher Aspekt für eine gelingende stationäre Hilfe. Um sie jedoch umsetzen zu können, ist es nicht nur wichtig sie anzustreben, sondern sich hierfür erforderliches Fachwissen anzueigen. Anhand des Stufenmodells und den Formen der Beteiligung kann eine differenzierte und gezielte Umsetzung von partizipativen Prozessen geplant werden. Dabei sollten die unterschiedlichen Entwicklungsstände der Kinder und die unterschiedlichen Voraussetzungen und Begebenheiten in den verschiedenen Einrichtungen keine Auswirkungen auf die Partizipation haben.

Interviewbezogenes Fazit

Zur Überprüfung der theoretischen Umsetzung in der Praxis wurden Interviews mit jetzigen und ehemaligen Klient*innen des stationären Kontexts der Hilfen zur Erziehung durchgeführt. In diesen Gesprächen hat sich herauskristallisiert, dass der Wunsch nach Eigenständigkeit und einer selbstbestimmten Alltagsgestaltung stark ausgeprägt ist. Diese spiegelt sich in alltäglichen Situationen wider. Eine selbstständige Eigenversorgung durch beispielsweise das Kochen in eigener Küche, statt einer Grundversorgung aller durch die Einrichtung, zeugt von Vertrauen der Betreuer*innen in die Klient*innen. Diese Aussage wird mit dem folgenden Zitat untermauert: „[...] kann da alleine kochen, hab meine eigene Dusche, kann eigentlich bin ich auf mich alleine gestellt." Außerdem ist das Lernen, sich selbst zu organisieren, im weiteren Verlauf des Lebens relevant für das Erlangen von Halt und Struktur.

Autoritäre Verhaltensweisen der Fachkräfte schränken die individuellen Bedürfnisse der Kinder und Jugendlichen ein, anstatt diese zu berücksichtigen. Sie wirken sich kontraproduktiv auf die zukünftige Kommunikation zwischen Betreuer*innen und Klient*innen aus. Daraus resultierend kommt es zu Resignation und Missverständnissen: „[...] ‚Du musst das jetzt sofort machen!' Du willst doch mit 18 ausziehen! Und ich hatte ja eigentlich noch sechs Jahre, um das zu lernen."

Eine gelingende Kommunikation impliziert die Möglichkeit, die eigene Meinung und eigenen Bedürfnisse frei zu äußern und Kritik üben zu können, wie es bereits gesetzlich im SGB VIII reguliert ist. Die Umsetzung in der Praxis gelingt jedoch durch mangelnde Qualifikation des Fachpersonals nicht immer: „[...] Kritik geäußert hat, hieß es gleich immer man ist undankbar. Man soll doch dankbar sein, dass man aufgenommen [...]".

Ein gutes Verhältnis zwischen dem Fachpersonal und den Kindern und Jugendlichen fördert das Wohlbefinden und die Eigenverantwortung innerhalb der Einrichtung. Eine Beteiligung der Klient*innen ist zuerst ein ausschlaggebender Faktor für eine nachhaltige Kommunikation: „[...] wenn ich Fragen habe, kann ich natürlich zu den Erziehern gehen [...]".

„(…) Ja, es wurde auf jeden Fall akzeptiert,
wir haben viele Gespräche geführt, also ich
durfte immer meine Meinung äußern (…)"

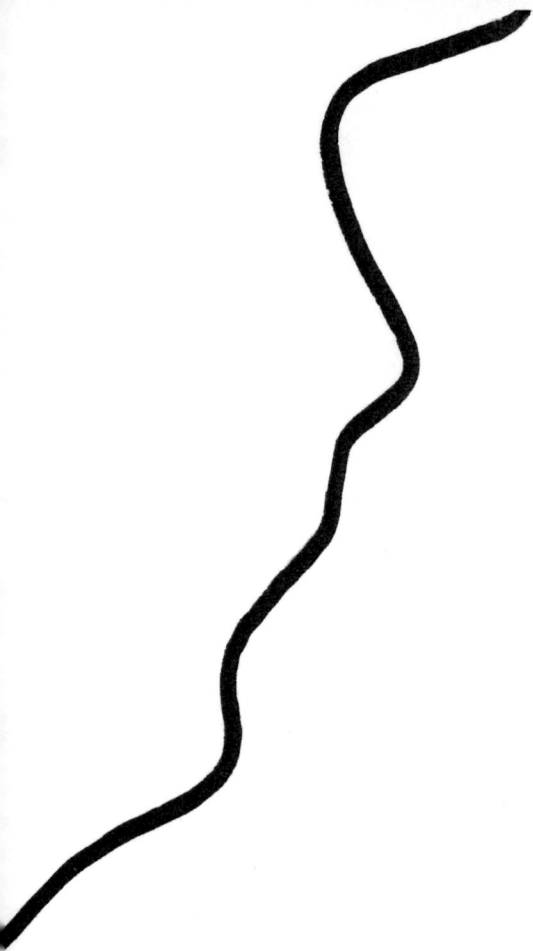

III.
Vernetzung und Zusammenarbeit im Bereich der stationären Hilfen zur Erziehung

Eileen Juche

1. Einleitung

Kinder und Jugendliche in stationären Einrichtungen haben häufig ausgeprägte Schwierigkeiten, weisen Auffälligkeiten und Abweichungen auf, die sich in ihrem Verhalten und Erleben widerspiegeln. In vielen stationären Einrichtungen stehen Therapeuten*innen, Psychologen*innen und Heilpädagogen*innen zur Verfügung. Die freien Träger, als Einrichtungen zur Umsetzung der stationären Hilfen zur Erziehung, setzen in ihren Konzeptionen verschiedene Schwerpunkte.

Je nach Schwerpunkt der Einrichtung werden verschiedene Angebote gemacht. Dazu gehören u. a. Verhaltenstherapien, Spieltherapien, heilpädagogisches Reiten, erlebnispädagogische Elemente oder auch familientherapeutische Verfahren. Das Fachpersonal arbeitet mit dem Jugendamt und den Eltern, externem Fachpersonal, mit Schulen und Ausbildungsstätten und örtlichen Freizeiteinrichtungen (Jugendfreizeiteinrichtungen, Sportvereinen, Musikschulen) zusammen.

Die Vorgehensweisen der Heimerziehung sollen auf den Ressourcen der Kinder und Jugendlichen aufbauen. Sie müssen eigene Lösungswege der jungen Menschen zulassen, fördern und berücksichtigen. Zu den Aufgaben der stationären Hilfen zur Erziehung gehört die psychosoziale Diagnostik in Verbindung mit anderen Diensten. Den traumatisierten Kindern und Jugendlichen zu helfen, durch korrigierende Erfahrungen neues Vertrauen aufzubauen und, falls die Möglichkeit der Rückführung in die Herkunftsfamilie besteht, die Zusammenarbeit mit den Eltern und anderen Diensten, um für die Zukunft ein tragfähiges Beziehungsumfeld zu schaffen (Günder 2015), sind Schwerpunkte der Arbeit im stationären Kontext.

In dieser Arbeit wird die Hypothese aufgestellt, dass das Gelingen der Hilfen abhängig ist von der Stabilität, der Dauer und dem Zusammenwirken der Träger und Hilfeangebote. Zusätzlich abhängig ist das Gelingen von der Beständigkeit und der

Möglichkeit der Nutzung über das Jugendalter hinaus und der guten Zusammenarbeit des Fachpersonals, um gegensätzliche Interventionen zu vermeiden.

2. Einführung und gesetzliche Grundlagen

Nach § 79 SGB VIII tragen die Landkreise und kreisfreien Städte die Gesamtverantwortung in der Jugendhilfe vor Ort. Laut § 80 Abs. 2 Nr. 2 SGB VIII sind sie verpflichtet „ein möglichst wirksames, vielfältiges und aufeinander abgestimmtes Angebot von Jugendhilfeleistungen" zu schaffen. Dazu ist es nach §78 SGB VIII anzustreben Arbeitsgemeinschaften zu gründen sowie generell eng mit freien Trägern der Jugendhilfe, mit Bildungseinrichtungen, dem öffentlichen Gesundheitsdienst und weiterer Kinder- und Jugendspezifischen Angebotsträgern und Einrichtungen zusammenzuarbeiten (vgl. §§73 ff.; § 80 Abs. 3; §81 SGB VIII). Die Jugendämter, der Jugendhilfeausschuss und die Verwaltung sollten die Vernetzung initiieren und koordinieren.

Der Jugendhilfeausschuss umfasst Mitglieder*innen der Vertretungskörperschaft bzw. von ihr gewählte Personen und Repräsentanten*innen der Träger der freien Jugendhilfe. Neben dem allgemeinen Informationsaustausch bezüglich der örtlichen Jugend prüfen die Mitglieder*innen die materielle Mittelverteilung, Zuständigkeiten von Einrichtungen und Planungsinteressen. Die Beschlüsse des Jugendhilfeausschusses sind bindend für die Verwaltung. Auf Landesebene kooperieren Vertreter*innen der öffentlichen und freien Jugendhilfe im Landesjugendhilfeausschuss (vgl. §71 SGB VIII).

Der öffentliche Träger der örtlichen Jugendhilfe, der Allgemeine Soziale Dienst, ist als Basisdienst u.a. für den Erhalt und den Ausbau funktionstüchtiger Netzwerke und Kooperationspartnerschaften verantwortlich. Im Bereich der stationären Hilfen zur Erziehung ist er der Ansprechpartner für alle am Hilfeprozess direkt Beteiligten, insbesondere für die Kinder, die Eltern und die Mitarbeiter*innen der stationären Einrichtungen.

Aufgabe der stationären Hilfen zur Erziehung ist es, den Kindern und Jugendlichen einen positiven Lebensort zu bieten, an dem sowohl die Verarbeitung des Erlebten, als auch die Aufarbeitung der Defizite möglich ist. Nach §34 SGB VIII ist die Förderung von Kindern und Jugendlichen in stationären Einrichtungen verpflichtend. Das Fachpersonal der Einrichtungen ist im Verlauf der Hilfegewährung an der Erstellung des Hilfeplans und der dort notwendigen Hilfemaßnahmen in Zusammenarbeit mit dem Jugendamt, dem ASD sowie den Eltern und Kindern als Adressat*innen beteiligt. Die Einrichtung erstellt, gegebenenfalls in Zusammenarbeit mit anderen Diensten, die psychosoziale Diagnose, die als Grundlage der notwendigen Hilfemaßnahmen anzusehen ist.

2.1 Vernetzung aus Sicht der Jugendhilfe

Laut §1 SGB VIII ist die Hauptaufgabe der Kinder- und Jugendhilfe, Kinder und Jugendliche dabei zu unterstützen, eine eigenverantwortliche und gemeinschaftsfähige Persönlichkeit zu entwickeln. Neben den Leistungen der Jugendhilfe, wie den Hilfen zur Erziehung, spielt hierbei auch die Gestaltung (Mitgestaltung) der Lebensräume junger Menschen und ihrer Familien, einschließlich der Nutzungsmöglichkeit für die Kinder der stationären Hilfen, eine zentrale Rolle. Demnach bemisst sich die Notwendigkeit und der Verlauf an Unterstützung der Hilfen zur Erziehung auch daran, inwieweit Staat und Gesellschaft es schaffen, den Aufgaben nach §1 Abs. 3 SGB VIII gerecht zu werden und den Kindern und Familien „positive Lebensbedingungen und eine kinder- und familienfreundliche Umwelt zu schaffen und zu erhalten" (§1 SGB VIII).

Der Allgemeine Soziale Dienst (ASD), als Basisdienst und Netzwerkverantwortlicher der örtlichen Jugendhilfe, hat die Aufgabe, ein wechselseitiges Interaktionsgeflecht zu manifestieren, das in der Lage ist, auf die Bedürfnisse der einzelnen Hilfesuchenden professionell einzugehen. Innerhalb des Netzwerks sollte der ASD die verschiedenen Anbieter und Hilfsmaßnahmen koordinieren und die Zusammenarbeit bzw. Kooperationspartnerschaften fördern.

Der ASD arbeitet verwaltungsintern mit verschiedenen Kooperationspartnern wie dem Jugendamt, Sozialamt oder Gesundheitsamt zusammen. Externe Kooperationspartner kommen aus den Bereichen Gesundheit, Justiz und aus dem Bereich der sozialen Sicherung, beispielsweise die Arge. Zusätzlich fungiert er als Partner im Dienstleistungs- und Beratungsverhältnis, insbesondere bei den Hilfen nach §§17, 18, 27 ff. SGB VIII. Der wissenschaftliche Referent des Deutschen Jugendinstituts e.V., Mike Seckinger, bringt die Arbeitssituation im ASD wie folgt auf den Punkt: „Die z.T. eingeschränkte Leistungsfähigkeit der sozialen Dienste ist auch eine Folge des Ungleichgewichts von Aufgaben und Ressourcen" (Sozial Extra 9/10 2008: 41).

Laut Seckinger stellen 98,2 Prozent der Mitarbeiter*innen im ASD eine Verdichtung ihrer Arbeit in den letzten fünf Jahren (2003 - 2008) fest. Probleme seien u.a. die Komplexität und unsichere Entscheidungssituationen, die Verdichtung, insbesondere die Mehrarbeit und zu wenige Erholungsphasen, die emotionale Betroffenheit und die ständigen Veränderungen der Arbeitsbedingungen (Seckinger/Sozial Extra 9/10 2008: 41-44). Daraus folgt die Annahme, dass die geforderte Arbeit für die Mitarbeiter*innen somit kaum zufriedenstellend leistbar ist.

Die Verwaltungsebene beschränkt sich im Allgemeinen auf die Vernetzung sozialer Dienste innerhalb der Jugendhilfe. Weiterreichende Vernetzungsbestrebungen in der Jugendhilfe gehen heute größtenteils von einzelnen Einrichtungen, Verbänden und Arbeitskreisen aus. Ihnen obliegt die Zusammenarbeit mit dem Bildungswesen, dem medizinischen Sektor, der Wirtschaft, der Polizei etc. und somit ein Überschreiten der starren Grenzen.

2.2 Theoretischer Diskurs

Viele Kinder und Jugendliche wachsen in schwierigen Verhältnissen auf, in denen die Eltern nicht in der Lage sind, eine dem Wohl des jungen Menschen entsprechende Erziehung zu gewährleisten (§27 SGB VIII). Nach Abs. 3 §27 SGB VIII umfasst Hilfe zur Erziehung die Gewährung von pädagogischen und therapeutischen Leistungen und bei Bedarf das Einschließen von Ausbildungs- und Beschäftigungsmaßnahmen.

Die Hilfe nach §34 SGB VIII findet in einer betreuten Wohnform statt und ist als Familienersatz zu verstehen, die den aktuellen Lebensmittelpunkt des jeweiligen jungen Menschen bildet. Nach den individuellen Erfahrungen der Adressat*innen sollten, neben der Schaffung von neuer Sicherheit und Vertrauen sowie der Organisation des Alltags für den Selbigen, auch mit Hilfe von pädagogischen und therapeutischen Maßnahmen bis hin zur Traumatherapie oder ähnlichen Angeboten, Defizite verarbeitet werden können. Die Einbeziehung der Personensorgeberechtigten und der dementsprechende Gesamtblick auf den Hilfeprozess der Adressat*innen sollte eine Selbstverständlichkeit darstellen. Ist eine Rückführung ausgeschlossen, wird die Konzentration auf die Verselbstständigung des jungen Menschen gelegt.

Zu den Auffälligkeiten der Adressat*innen gehören Probleme im sozialen Umfeld, beispielsweise in der Schule, delinquentes Verhalten, übermäßiger Alkohol- oder auch Drogenkonsum, psychische Probleme, etc. Die Kinder und Jugendlichen zeigen – im Groben betrachtet – selbst- und fremdschädigendes Verhalten. Sie stammen häufig aus Elternhäusern, in denen sie vernachlässigt, misshandelt, sexuell missbraucht oder überhütet wurden. Sie weisen oft motorische, körperliche oder seelische Defizite auf, die nicht ihrem Alter entsprechen. Sie haben Probleme in ihrem Bindungs- und Beziehungsverhalten.

2.3 Diskurs nach Grunwald/Thiersch, Herriger, Hinte

Nach Grunwald/Thiersch wird abweichendes Verhalten als Ergebnis subjektiver Anstrengung gesehen, um sich in seiner Wirklichkeit zu behaupten. Zu den Grundprinzipien des Lebensweltkonzeptes nach Thiersch (Thiersch 1992) gehören Zeit, Raum, soziale Beziehungen und Bewältigungsstrategien. Das finden neuer Lösungsstrategien in punkto Bewältigung sollte sich an den zur Verfügung stehenden Ressourcen orientieren. Schlussfolgernd könnte man davon ausgehen, dass es demnach nicht nur hilfreich ist, wenn das Fachpersonal der Einrichtungen mit den örtlichen Freizeitanbietern, Schulen und überbetrieblichen Bildungseinrichtungen, dem Jugendamt und den Eltern im Hinblick aktueller und eventuell zukunftsorientierter Problemstellungen zusammenarbeitet, sondern zusätzlich die vorhanden Stärken auch in Hinblick auf therapeutische Maßnahmen, die auf den persönlichen Ressourcen der Adressat*innen aufbauen, fordert und fördert. Es ist anzunehmen, dass ein stabiles Netzwerk, das der ASD als Netzwerkverantwortlicher zur Verfügung stellen kann, sich vorteilhaft auf das Gelingen der Hilfen auswirken würde und dem Fachpersonal der Einrichtungen ermöglicht, an dieser Stelle weniger Zeit zu investieren. Auch das Empowerment-Konzept zur Stärkung von autonomer Selbstbestimmung nach Herriger basiert darauf, die Adressat*innen durch die Stärkung eigener Ressourcen zu befähigen und belastende Lebensumstände besser bewältigen zu können (Herriger 2006).

Die Adressat*innen der stationären Hilfen zur Erziehung leiden, geprägt durch ihre Vergangenheit, häufig an Selbstzweifeln, reagieren hilflos in für sie belastenden Situationen oder passen sich in unangemessener Form an bestimmte Lebensereignisse und auch Menschengruppen an. Die Stärkung ihrer Autonomie nicht nur durch die nötige Grundeinstellung des Fachpersonals, sondern auch im Hinblick auf angebotene Workshops und Kurse, wie z.B. Selbstverteidigung für Mädchen, bis hin zu einer Beteiligung der Kinder und Jugendlichen an politischen und gesellschaftlichen Prozessen könnten sich demnach fördernd darauf auswirken, dass die Adressaten*innen sich zu selbstbewussten jungen Menschen weiterentwickeln können.

Nach Hinte ist die systematisch praktizierte Gemeinwesenarbeit mit einer Ausrichtung der Fallarbeit auf den Sozialraum eine Basis der sozialraumorientierten Sozialen Arbeit (Hinte/Treeß 2007). Eine zielgruppen- und bereichsübergreifende Gesamtsicht der Mitarbeiter*innen im Rahmen der Hilfen zur Erziehung, die Schaffung von Kooperationspartnerschaften und die Koordination der einzelnen Bereiche und Projektinhalte, wäre demnach eine zentrale Aufgabe der Vernetzungsarbeit in der Jugendhilfe. Stellt man dem Adressaten ein geeignetes Ressourcennetzwerk zur Verfügung und befähigt ihn und im Fall einer möglichen Rückführung auch seine Herkunftsfamilie zur Nutzung dieses Netzwerkes, stellt dies eine Hilfe bereit, die sowohl unabhängig vom Fachpersonal der Einrichtung, als auch über das betreute Jugendalter hinaus nutzbar ist (Hinte/Treeß 2007).

Hinte zielt darauf ab, dass, wenn es gelingt, mit Beteiligung der Betroffenen ein Netzwerk zu schaffen, das auf ihren subjektiven Stärken aufbaut und welches sie selbst mitentwickelt haben, dieses nicht nur ortsnah und auch ohne Fachpersonal wirksam Hilfe zur Selbsthilfe leisten kann. Auch Lüttringhaus geht davon aus, dass es sinnvoll für die Persönlichkeitsentwicklung der jungen Menschen ist, sie in den nahen Sozialraum in Form von Mitgliedschaften in Sportvereinen, Musikschulen, als

Ehrenamtler usw. zu integrieren. Der Zugang erfolgt dabei über die Mitarbeiter*innen der Einrichtungen, über Kooperationsvereinbarungen, niedrigschwellige Angebote und die Nutzung der örtlichen Ressourcen, wie Jugendclubs, Feuerwehr, etc. (Lüttringhaus 2004).

2.4 Vernetzung aus Sicht der stationären Hilfen nach Ulrich Bürger

Vernetzung innerhalb vollstationärer Hilfeeinrichtungen bedeutet zum einen den Ausbau des Gesamtleistungsspektrums durch Angebotserweiterung, die durchlässig gestaltet werden, oder aber eine enge Zusammenarbeit mit anderen Anbietern im örtlichen Bereich anzustreben (Bürger 199). Bürger sieht die Vernetzung in Verbindung von Beratungsstellen, sozialpädagogischer Familienhilfe etc. und Einrichtungen als ein aufeinander bezogenes Gesamtleistungsspektrum, das es erlaubt, auch bei sich ändernden Unterstützungsbedarf, einen kontinuierlichen Hilfeprozess für die Adressat*innen zu gewährleisten. Er spricht von einer lebensweltorientierten Jugendhilfe, in der sich demnach auch die Heimerziehung als ein fester Bestandteil fühlt, sich fachlich im nahen Umfeld auskennt und Formen der Zusammenarbeit praktiziert und pflegt. Vernetzung bedeutet für stationäre Einrichtungen auch einen Fachaustausch mit anderen Heimen und Einrichtungen. Ziel hierbei könnte der Abgleich der ortsnahen Angebote sein, um eine bedarfsgerechte Jugendhilfelandschaft zu ermöglichen. Die Schwierigkeit dabei stellt oft eine direkte Konkurrenz der verschiedenen freien Träger dar, die sich hinderlich auf die Zusammenarbeit auswirkt (Bürger 1999).

Politische Präsenz der freien Träger der Jugendhilfe
Die Einmischung in die kommunale Entwicklung und Entscheidung jugendpolitischer Themenbereiche muss für Bürger unbedingt für die Vertreter verschiedener Jugendhilfeangebote an Bedeutung gewinnen. „Jugendhilfe muss insgesamt ihr Handeln als wesentlich politischer verstehen" (Bürger

1999: 77). Mit dem Kontakt zum Jugendhilfeausschuss und zu Kommunalpolitiker*innen erhöhen sich die Durchsetzungschancen der eigenen Interessen in Bezug auf den Ausbau der örtlichen Versorgungsstrukturen.

3. Pädagogische Philosophie und Besonderheiten in der Vernetzungsarbeit stationärer Einrichtungen

Der Erfolg der Vernetzungsarbeit hängt unmittelbar davon ab, inwieweit das Personal der stationären Einrichtung über fachübergreifende Kenntnisse verfügt, die Verwaltungs- und Förderrichtlinien und die Organisationsstrukturen fachfremder Anbieter kennt.

Eine multiprofessionelle Zusammenarbeit mit anderen Einrichtungen und Diensten erfordert gegenseitiges Vertrauen. Die verschiedenen Kompetenzen sollen sich gegenseitig ergänzen, dafür sind der regelmäßige fachliche Austausch und funktionierende Kooperationsstrukturen und Kommunikationsabläufe von Nutzen. In der Praxis kann Vernetzung und Kooperation nur gelingen, wenn die strukturellen Rahmenbedingungen existieren. Der Aufbau einer Vernetzungsstruktur und die Pflege von Kooperationspartnerschaften erfordert eine zeitliche Ressource, die in den Einrichtungen der stationären Hilfen an anderer Stelle eingespart werden muss.

Auf stabile Netzwerkstrukturen, um mögliche Kooperationspartnerschaften für die Umsetzung eigener Bedürfnisse zu gewinnen, dessen Schaffung theoretisch im Aufgabenbereich des Allgemeinen Sozialen Dienstes liegt, kann oft nicht oder nicht ausreichend zurückgegriffen werden. Viele Einrichtungen der stationären Jugendhilfe sind in große Verbände, wie bspw. Wohlfahrtsverbände integriert. Die internen Organisationsstrukturen dieser großen Anbieter verfügen oft über vielfältigere Ressourcen, auf die im Sinne von Vernetzung und Kooperation zurückgegriffen werden kann und die somit nutzbar für die stationären Einrichtungen sind. Die Zeitersparnis im Aufbau verlässlicher Netzwerke mag hierbei als ein Vorteil wirken. Die negativen Aspekte sind die geringere Transparenz, das Fehlen des organisationsübergreifenden Fachaustausches und letztendlich eine schlechtere Anpassung an die Bedürfnisse des einzelnen Adressaten, da man menschlich dazu neigen könnte, zuerst die eigenen Angebote als Hilfemaßnahme in Anspruch zu nehmen.

Die Hilfeplanung der Jugendämter ist für die finanzielle Realisierung der einzelnen Hilfen unabdingbar und die Grundlage der Leistungserbringung. Sie stellt einen sozialpädagogischen Prozess dar, der ihre Adressaten*innen befähigen soll, mithilfe der freien und öffentlichen Träger der Jugendhilfe die für die Hilfe ursprünglichen Probleme zu lösen. Die Hilfeplanung versteht sich als Gesamtprozess von der ersten Beratung, über die Aufstellung des Hilfeplans bis hin zur Beendigung der Hilfe und ist somit abzugrenzen vom Hilfeplan und vom Hilfeplanverfahren.

Innerhalb der stationären Hilfen zur Erziehung ist neben dem ASD das Jugendamt somit der wichtigste Kooperationspartner für die Mitarbeiter*innen der Einrichtung. Zusammen mit den Kindern und den Eltern bzw. Vormündern sind die professionellen Mitarbeiter*innen der Einrichtungen aufgrund ihres Fachwissens und der engen persönlichen Beziehung zum Adressaten dazu befähigt, die geeigneten Interventionen/Hilfemaßnahmen zu empfehlen.

Laut Konzeption verfolgen heutzutage die meisten Einrichtungen der Hilfen zur Erziehung einen ganzheitlichen Ansatz. Dabei steht die ganzheitliche Förderung in Verbindung mit den pädagogischen und therapeutischen Hilfen im Mittelpunkt. Die wiederum ein höheres Maß an Zusammenarbeit zwischen den Fachkräften, zum Teil bereichsübergreifend fordert.

In größeren Einrichtungen findet sich oft eine fachübergreifende Aufstellung des Personals, was sich zusammensetzt aus Psychologen*innen, Pädagogen*innen, Heilerziehern*innen, Sozialpädagogen*innen, Erzieher*innen bis hin zu Hauswirtschafts- und Verwaltungsfachkräften. Für die großen Verbände, wie beispielweise dem Diakonischen Werk, ist es oft üblich, das gesamte Spektrum der Hilfen zur Erziehung aufgesplittet in einzelne Bereiche abzudecken.

Laut Günder ist „Heimerziehung in ihrer Qualität abhängig von der Rolle, der Haltung und Identität der in ihr arbeitenden Erzieher" (Günder: 101). In der stationären Jugendhilfe wird die Hilfe zur Erziehung in einer Einrichtung, wie Heimen und Wohngruppen, betreut von pädagogischem Fachpersonal realisiert. Ziel ist es, die Kinder und Jugendlichen in ihrer Entwicklung zu fördern. Dafür wird heute zunehmend versucht, den Alltag der Adressaten*innen, der mit pädagogischen und therapeutischen Angeboten zu ergänzen ist, so familiennah wie möglich zu gestalten.

Hilfemaßnahmen im stationären Kontext wie Spieltherapie, Gesprächstherapie, Verhaltenstherapie, Ernährungsberatung und Gesundheitsförderung, erlebnispädagogische Maßnahmen, heilpädagogische Übungsbehandlungen, Kunsttherapie, Antiaggressionstraining, heilpädagogisches Reiten u.a. werden von den Einrichtungen der Hilfen zur Erziehung, je nach Ausrichtung und Qualifikation der Mitarbeiter, angeboten. Auch die Arbeit mit den Eltern stellt eine Hilfe für Kinder und Jugendliche dar. Gerade den Jugendlichen kann so eine Auseinandersetzung mit den Eltern und dem Herkunftsmilieu ermöglicht werden. Nach Blandow ist die Wirklichkeitskonstruktion der Eltern handlungsbestimmend für die betreuten Kinder und Jugendlichen (Blandow 2004).

Darüber hinaus werden bei entsprechender Indikation für spezielle Hilfen externe Fachkräfte, Dienste und Institutionen in Anspruch genommen.

Zu den Erfolgsindikatoren der Erziehungshilfen gehören nach verschiedenen quantitativen Studien u.a. (Günder 2015):

- Qualität der Hilfeplanung
- Dauer der Hilfegewährung
- Kontinuierliche Beziehungen zu einer, oder mehrerer pädagogischen Bezugspersonen
- Fachliche Qualität der Betreuer*innen
- Unterstützung der Kernfamilie und soziale Netzwerke
- Partizipation der jungen Menschen und ihrer Eltern
- die Unterstützung der Kernfamilie und sozialen Netzwerke (Günder 2015: 86-87).

Neben den stationären Hilfen zur Erziehung wird Hilfe zur Erziehung mehr als in der Vergangenheit in Form von ambulanten oder teilstationären Hilfen angeboten. Der Grund hierfür liegt in den schwächeren Finanzhaushalten einzelner Kommunen und Gemeinden und findet sich in der Tatsache begründet, dass die Kinder und Jugendlichen hierbei in ihrer vertrauten Umgebung, ihrem gewohnten Freundeskreis, Schule, etc. verbleiben können. Auch die Kurzzeit- oder Vollzeitpflege stellt eine Maßnahme der Hilfen zur Erziehung dar. Generell sollten Hilfen zur Erziehung lösungsorientiert, bedarfsgerecht, flexibel, lebensweltorientiert, stabilisierend und möglichst nachhaltig sein. Die Nutzung der Ressourcen, die im Rahmen der Sozialraumorientierung zur Verfügung stehen, erweist sich als ein Vorteil. Wohngruppen und Heime sind heute zum Großteil in das Umfeld einer bürgerlichen Nachbarschaft eingebunden. Den Adressat*innen stehen somit die Nutzung der örtlichen Bildungs- und Freizeitangebote sowie der örtliche Naturraum zur Verfügung. Schwierigkeiten bestehen mancherorts mit der Nachbarschaft, weshalb das Fachpersonal der Einrichtung bestrebt sein sollte, ein gutes nachbarschaftliches Verhältnis zu entwickeln und somit Akzeptanz, Wertschätzung und Toleranz zu stärken.

3.2 Personal und Qualifikation

Junge Menschen, deren Entwicklung von Defiziten und Verhaltensauffälligkeiten geprägt ist, und/oder die sich in ihrer altersgemäßen Entwicklung außerhalb der Norm befinden, stellen in besonderem Maß Anforderungen an ihre Betreuer*innen. In den Einrichtungen der stationären Hilfen leben Kinder und Jugendliche, deren Persönlichkeit häufig von Vermeidungs- und Verweigerungsverhalten gekennzeichnet ist. Sie können ein größeres Aggressionspotenzial besitzen und dementsprechend schneller delinquent werden. Haltlosigkeit, Schulverweigerung und Weglaufen sind typische Reaktionen, an denen das Fachpersonal der Einrichtung zusammen mit anderen Einrichtungen, mit Schulen, Therapeuten*innen, Personensorgeberechtigten u.a. arbeiten sollte.

Ein fundiertes Wissen des Fachpersonals in den Einrichtungen ist unerlässlich für ein Gelingen des Hilfeverlaufes und der Netzwerkarbeit. Die Mitarbeiter*innen sollten das gesamte Arbeitsfeld von Sozialarbeitern*innen, Heilpädagogen*innen, Psychologen*innen, Ärzten*innen und anderen Fachkräften kennen und sich in ihm zurechtfinden. Das Gelingen der Zusammenarbeit bzw. der Kooperationen mit verschiedenen Einrichtungen, Institutionen anderer Systeme, bis hin zur Elternarbeit, den Mitarbeiter*innen der medizinischen Dienste und der Erstellung/Mitgestaltung eines Hilfeplans hängt nicht nur vom Wissen über Erziehung, der Fähigkeit zur Empathie und dem unmittelbaren Kontakt zum Adressaten*innen und dem reibungslosen Ablauf innerhalb der Wohngruppen und Heime ab. Es dürfte von entscheidender Bedeutung sein, wie gut das professionelle Personal der Einrichtung über die Kenntnisse der Gesetze des SGB VIII verfügt, die Verwaltungs- und Förderrichtlinien kennt und sich im Bereich der medizinischen und psychosozialen Dienste zurechtfindet. Ein ganzheitlich umfassender Arbeitsansatz, indem die Hilfen erst nach dem analysieren der Gesamtsituation der Adressat*innen geplant bzw. neu angepasst werden, ist kennzeichnend für eine Multikausalität.

Der Adressat*in sollte in seiner vielschichtigen Umwelt, mit seinen vergangenen und aktuellen Erfahrungen, seinen psychischen Problemen oder seinen Zukunftsängsten wahrgenommen werden, um die richtigen Interventionen und die richtige Unterstützung planen und gewährleisten zu können. Regelmäßige Fortbildungen, neue Qualifikationen und Teambesprechungen für die Mitarbeiter*innen sollten, neben der Fortschreibung der eigenen Konzeption und angepasst an aktuelle Studien eine Selbstverständlichkeit für den jeweiligen freien Träger sein. Der nachfolgende Exkurs zur Traumapädagogik verdeutlicht zusätzlich, wie tiefgründig das Wissen der Mitarbeiter*innen in den Einrichtungen sein muss, um adäquate Hilfe leisten zu können.

3.3 Exkurs: Traumapädagogik

Die Traumapädagogik wird und wurde in den letzten Jahren ergänzend immer häufiger in die Konzeptionen der Einrichtungen aufgenommen. Das Wissen und die Inhalte sind, als ein relativ neuer/moderner Ansatz, Forschungsgegenstand etlicher Untersuchungen. „Kinder und Jugendliche in stationären Einrichtungen weisen Untersuchungen zufolge so viele kinder- und jugendpsychiatrische Störungen auf, wie nur 2 Prozent der Kinder aus der Allgemeinbevölkerung" (Lang/Schirmer/

Lang/de Hair/Wahle/Bausum/Weiß/Schmid 2013: 47). Die frühe Traumatisierung, meist im unmittelbaren häuslichen Umfeld durch Gewalterleben, Misshandlung, Vernachlässigung oder Missbrauch, nimmt dabei eine Spitzenstellung ein. Die Fachkräfte in den Einrichtungen mit so hoher Problemdichte sind viele Stunden am Tag großen fachlichen Anforderungen ausgesetzt und erhalten dabei noch immer zu wenig Unterstützung (ebd.). Zentrale Themen der Traumapädagogik sind laut dem Positionspapier der BAG (Bundesarbeitsgemeinschaft) Traumapädagogik: Standards für traumapädagogische Konzepte in der stationären Kinder und Jugendhilfe von 2011:

1. Die Förderung des Selbstverstehens. Dazu dienen zum einen Angebote, bei denen die Kinder und Jugendlichen lernen was in ihrem Gehirn und in ihrem Körper bei Stress passiert und zum anderen Angebote, um die Hintergründe ihrer Reaktionen zu verstehen und Ideen für andere Verhaltensweisen zu erarbeiten und zu verstehen.

2. Die Förderung der Körper- und Sinneswahrnehmung. Hierbei wird z.B. in Form von Förderangeboten zum Erlernen und Spüren von Körperempfindungen im Zusammenhang mit Emotionen oder mit Angeboten, deren Schwerpunkt darauf liegt, wie es gelingt, Körperempfinden sprachlich auszudrücken und durch das Erlernen von Bewegungs- und Entspannungsübungen versucht, den Betroffenen zu helfen.

3. Zur Förderung der Emotionsregulation werden Angebote zum Erlernen der Selbstregulationsmöglichkeiten oder Angebote, die darauf abzielen Verhaltensweisen, Körperreaktionen, Emotionen und Handlungsimpulse besser zu verstehen, umgesetzt.

4. Förderung der physischen und psychischen Widerstandsfähigkeit (Resilienz) durch dementsprechende Angebote und der Erarbeitung und Förderung der vorhandenen Stärken, Fähigkeiten und Interessen. Neben dem vorgenannten sind die Förderung der Selbstregulation der Kinder und Jugendlichen, die

Partizipation, die Chance zur sozialen Teilhabe, die Gruppen-
pädagogik, das Schaffen haltgebender Strukturen, Elternarbeit
und bindungsförderndes Verhalten und andere weitere zentrale
Themen der Traumapädagogik (BAG-Positionspapier Traumapädagogik 2011).

Interdisziplinäre Netzwerke und somit die Verbindung mehrerer Fachbereiche, Lösungsstrategien, die nicht nur den Austausch der Ergebnisse beinhalten, sondern ein übergreifen
bzw. ineinandergreifen der Methoden erfordern, sind in der
Traumapädagogik unabdingbar. In Zusammenarbeit mit dem
Jugendamt wird besonderer Wert auf traumasensible Hilfeplanung gelegt, ergänzend zu anderen Hilfeverläufen wird ein/e
Ombudsmann/-frau mit dem Auftrag der Anwaltschaft für das
Kind oder den Jugendlichen betraut. Mit den Schulen wird ein
individuelles, schulisches Anforderungsprofil erstellt und der
Betroffene hat Anspruch auf einen Lernassistenten, der ihn zu-
sätzlich fördert und unterstützt.

Therapeutische Maßnahmen werden an einem gemeinsamen
Auftrag von Pädagogik und Therapie gebunden. Zwischen den
beteiligten Professionellen existiert ein regelmäßiger Austausch und die Mitarbeiter*innen der Einrichtung schließen
feste Kooperationen mit Psychotherapeuten*innen, die über
Traumakenntnisse verfügen. Regelmäßige Sprechstunden in
der Kinder- und Jugendpsychiatrie, gepaart mit verbindlichen
Kooperationsstandards, gehören genauso wie die Gemeinwe-
sensarbeit, die über das normale Maß hinaus traumabezogenes
Wissen vermitteln soll, in die Zuständigkeit der Traumapädagogik (BAG-Positionspapier Traumapädagogik 2011).

3.4 Hilfen für junge Volljährige nach § 41 SGB VIII / Care Leaving

Mit dem Inkrafttreten des aktuellen Kinder- und Jugendhilfe-
rechts, dem SGB VIII von 1990/91, erhielt die Jugendhilfe die
gesetzliche Vorrangstellung gegenüber der Sozialhilfe für die

18- bis 21-Jährigen zurück (Rosenbauer/Schiller 2016). In Ausnahmefällen begründet der Gesetzgeber einen Förderungsbedarf bis zum 27. Lebensjahr. Im Rahmen des §41 SGB VIII werden junge Volljährige bis zum 21. Lebensjahr betreut, die ökonomische, physiologische, psychische, soziale oder kulturelle Einschränkungen erleben. Diese Hilfen sind auf die Verselbstständigung wie Ausbildung, Geldumgang, soziale Kompetenzen erlernen und verbessern, die Wohnfähigkeit erarbeiten und auf die Persönlichkeitsentwicklung im Sinne einer gelingenden Sozialisation in die Gesellschaft ausgelegt. Die gelingende Sozialisation beinhaltet Aspekte wie Autonomie, Sexualität und Produktivität.

Adressat*innen der Hilfen sind insbesondere sogenannte Care Leaver, die in stationären Kontexten oder Pflegefamilien aufgewachsen sind, junge Menschen, deren Eingliederung in die Arbeitswelt bisher nicht erreicht werden konnte, Aussteiger aus Problemmilieus, wie der Prostitution und Obdachlose, Suchtkranke, Strafentlassene und andere. Betrachtet am Beispiel der Care Leaver lässt sich feststellen, dass sie schon weitaus früher selbständig werden müssen und im Gegensatz zu ihren Altersgenossen aus sicheren Herkunftsfamilien, die heute erst mit Mitte 20 aus ihren Elternhäusern ausziehen, nicht über die Möglichkeit verfügen, zurückkehren zu können.

Dennoch beginnen fast die Hälfte der jungen Volljährigen aus stationären Hilfen ihre Selbstständigkeit mit dem 18. bis 19. Lebensjahr ohne weitere Unterstützung der Jugendhilfe (Rosenbauer/Schiller 2016). Aus Gründen der eigenen Identitätsfindung ist das freiwillige Verlassen der Hilfe durch die jungen Volljährigen durchaus nachvollziehbar.

Sie laufen dabei eher Gefahr, in die Hilfen des SGB II zu fallen, obdachlos zu werden oder in anderer Form abzustürzen, als Menschen aus sicheren Herkunftsfamilien. „Im Rahmen einer an den Lebenswelten junger Menschen orientierten Jugendhilfe müssen ihre Rechtsansprüche auf bedarfsgerechte Unterstützung realisiert werden" (Rosenbauer/Schiller 2016, Jugendsozialarbeit aktuell, Nummer 143, April 2016).

Die heutige Umsetzung der langsamen Ablösung, z.B. in Form von Jugendwohngruppen im Nachbarhaus zur ursprünglichen Unterbringung, mit zeitlich abwesenden Betreuern*innen, die vielerorts praktiziert wird, ist eventuell hilfreich, sollte jedoch keine Lösung der Problematik darstellen. Der Staat bzw. die Kommune sollte die jungen Erwachsenen trotz notwendigen Kosteneinsparungen weiter unterstützen.

Die Schaffung eines verlässlichen Netzwerkes und die Integration der jungen Erwachsenen in dieses Netzwerk, gekoppelt mit persönlichen Ansprechpartnern, bestenfalls aus ihrer Kindheit und Jugend, die sie als verlässlich und vertraut empfinden, wäre eine Möglichkeit, die den Kostendruck für Kommunen und Gemeinden in Grenzen halten würde und trotzdem die Arbeit der Jahre innerhalb des Hilfesystems nicht leichtfertig aufs Spiel setzen würde.

3.5 Zusammenarbeit der Beteiligten

Eine vertrauensvolle Basis, die ein Miteinander der Entscheidungen und individuellen Maßnahmen zur Förderung der Kinder und Jugendlichen festlegt, zwischen dem Jugendamt als Kostenträger und den Mitarbeiter*innen der stationären Einrichtungen als Leistungserbringer, sollte von beiden Seiten zum Wohl der Kinder und Jugendlichen angestrebt werden.

Eine Zusammenarbeit der Einrichtung mit den Eltern ist gesetzlich nach § 37 SGB VIII verpflichtend. Geht man von einer möglichen Rückführung in die Herkunftsfamilie aus, sollen die Erziehungsbedingungen in der Herkunftsfamilie durch Beratung und Unterstützung in einem vertretbaren Zeitraum insoweit verbessert werden, dass die Personensorgeberechtigten befähigt sind, ihr Kind wieder selber zu erziehen.

Auch die Zusammenarbeit mit Schulen, Kindertageseinrichtungen, Ärzten*innen und Psychologen*innen findet im normalen Alltag der Einrichtung im Allgemeinen regelmäßig statt bzw. ist in Problemlagen jederzeit greifbar.

Der darüber hinaus gehende Aufbau von funktionstüchtigen Kooperationspartnerschaften von Seiten der freien Träger erfordert die Bereitstellung der dafür notwendigen materiellen, zeitlichen und personellen Ressourcen. Arbeitszusammenhänge müssen langfristig geplant und vertraglich vereinbart werden. Da sich Kooperationen nicht ritualisieren und nach einem Ablaufschema planen lassen, müssen die kooperierenden Fachkräfte von ihren institutionellen Strukturen her ein hohes Maß an Flexibilität und Kreativität realisieren können (Hinte/Treeß 2007).

Hinte und Treeß sehen „die Gefahren dieses im Kern richtigen Gesamtkonzepts" von Herrigers „Netzwerkarbeit" in der Möglichkeit des Kaschierens vom Versagen mancher Institutionen im Rahmen der Vernetzungsaktivitäten und der Gefahr eines „Verschiebebahnhofs", wenn sich beispielsweise nicht mehr die Schule als Ort des Gemeinwesens um die Probleme der Kinder kümmert und diese löst (Hinte/Treeß 2007).

Im Rahmen weitergehender Kooperationen ist der Kontaktaufbau zu anderen örtlichen Einrichtungen der Jugendhilfe, wie Streetwork, andere Wohngruppen, Jugendfreizeiteinrichtungen, Kontakt zu Arbeitsgemeinschaften der örtlichen Jugendhilfe und freien Trägern, wie sie vielerorts praktiziert werden, dem örtlichen Jugendhilfe- und Sozialausschuss, dem engen Kontakt zum Bürgermeister, Ortsvorstehern, Schwimmbädern, Sportvereinen, Heimat- und Kulturvereinen bis hin zur örtlichen Presse usw. hilfreich. Auch wenn sich hieraus keine Partnerschaften im Sinne einer festen Kooperation entwickelln, ergibt sich daraus ein Mehr an Möglichkeiten für die Nutzung und somit für die Stärkung der individuellen Interessen der Kinder und Jugendlichen der Einrichtung. Die Mitarbeiter*innen der Einrichtung fördern damit die Akzeptanz vor Ort und bauen ein Geflecht an nutzbaren Ressourcen für ihre Adressat*innen auf. Schlussendlich haben sie damit auch ein größeres politisches Gehör, wenn es um die örtliche Sach- und Finanzmittelverteilung im Gemeinwesens und Vereinsbereich geht. Auch die Möglichkeit der Angebotserweiterung und Finanzierung wird durch die sichtbare Präsenz vor Ort und dem daraus resultierenden Zuspruch der verschiedenen Gremien und Vereine gestärkt.

Ein Ziel der Kooperations- und Netzwerktätigkeiten könnte es sein, als Einrichtung der Jugendhilfe im örtlichen Umfeld im höchsten Maß integriert und als aktives Mitglied der Gesellschaft vor Ort wahrgenommen zu werden. Dies würde die Kinder und Jugendlichen u.a. von der Stigmatisierung des Heimkindes befreien.

Schlussendlich schaffen Kooperationspartnerschaften und Vernetzungen den Zugang zu den Angeboten des Sozialraums. Es bieten sich Freizeitgestaltungen, Präventionsmaßnahmen, Ferienfreizeiten u.a., was laut Aussagen mehrerer Untersuchungen und einschlägigen Autor*innen von den Kindern und Jugendlichen selbst als sehr wichtig für ihre individuelle Persönlichkeitsentwicklung gesehen wird. Und selbst im Nachhinein als eine positive Kindheitserinnerung im Gedächtnis verbleibt.

4. Fazit

Die aktuelle Situation, in der sich die Mitarbeiter*innen der Heime und Wohngruppen sowie andere am Hilfeprozess Beteiligte heutzutage wiederfinden, liefert die Erkenntnis, dass der moderne ganzheitliche Ansatz, den die meisten Einrichtungen laut Konzeption festgeschrieben haben und der die multiprofessionelle Förderung beinhaltet, ein höheres Maß an Fachwissen und Professionalität vom Personal fordert, um den Adressat*innen die bestmögliche Unterstützung gewähren zu können.

Zusatzqualifikationen der Mitarbeiter*innen und Teambesprechungen sollten heute eine Selbstverständlichkeit für die Leitung der Einrichtung darstellen.

Ausgehend davon, dass die stationäre Unterbringung die Verarbeitung des Erlebten ermöglichen und auf die Nutzung der individuellen Ressourcen der Adressat*innen aufbauen soll, ist nachvollziehbar, dass für die Umsetzung sowohl funktionierende Netzwerkstrukturen, die durch die Einrichtungen nutzbar sind, vorhanden sein müssen, als auch direkte Kooperationspartnerschaften, die von den Einrichtungen selbst gepflegt werden. Dies verlangt einen Mehraufwand an Zeit im stationären Kontext und Mitarbeiter*innen, denen die gesetzlichen Rahmenbedingungen und die Angebote des nahen Umfelds vertraut sind.

Die großen Träger sind hierbei, da sie breit aufgestellt unterschiedliche Angebote abdecken können und keinen Zeitaufwand für Aufbau und Pflege von Kooperationspartnerschaften investieren müssen, den kleinen Trägern klar überlegen. Die daraus resultierende Neigung der großen Träger als erstes das eigene Angebotsspektrum im Rahmen der Hilfen zur Erziehung auszuschöpfen, kann sich nachteilig auf die Bedürfnisse der Adressaten*innen auswirken oder ihnen sogar entgegenstehen.

Des Weiteren ist die Überprüfung der Nachhaltigkeit und der Hilfefunktionalität der Angebote durch fehlende Transparenz geringer. Die kleinen Träger wiederum stehen durch ähnlich aufgebaute Konzepte miteinander in Konkurrenz, was sich hinderlich auf die Zusammenarbeit bezüglich der Angebotsergänzung auswirkt.

Laut Ullrich Bürger sollte das Fachpersonal der freien Träger auch politisch aktiv sein, um auf die kommunale Entwicklung und insbesondere auf die Entscheidungen, die zu jugendpolitischen Themenbereichen getroffen werden, Einfluss nehmen zu können (Bürger 1999).

Der Aufbau bzw. die Bereitstellung einer bedarfsgerechten Jugendhilfelandschaft, die den Kindern und Jugendlichen sowie deren Personensorgeberechtigten individuelle Unterstützung gewährleisten kann, liegt im Aufgabenbereich des ASD. Durch kommunal knappe Finanzhaushalte leidet nicht nur die Vielfalt der Angebote. Seckinger stellte durch Nachfrage bereits 2008 die Überforderung des ASD bzw. seiner Mitarbeiter*innen durch Verdichtung der Arbeit in Verbindung mit Mehrarbeit fest (Seckinger 2008). Die zeitliche Ressource, die für die Netzwerkarbeit bereitgestellt wird, ist so gering, dass Vernetzungsbestrebungen in der Jugendhilfe heutzutage durch die Mitarbeiter*innen der freien Träger (mit) übernommen werden müssen. Der gesetzliche Anspruch, dass die Landkreise und kreisfreien Städte über die Jugendämter, den Jugendhilfeausschuss und die Verwaltung die Vernetzung initiieren und koordinieren (§80 Abs. 2, Nr.2 SGB VIII) wird nicht ausreichend umgesetzt.

Interviewbezogenes Fazit

Die Einrichtungen der stationären Hilfen zur Erziehung verstehen sich als familienersetzend und nach konzeptionellen Schwerpunkten sollten sie ihren Adressaten*innen durch internes oder externes Personal unterschiedliche therapeutische Maßnahmen bieten und Angebote umsetzen. Sie sollten sich in einem fachlichen Austausch mit dem Jugendamt, der Schule, den Ausbildungsstätten, etc. befinden. Die Frage, ob das Gelingen der Hilfen abhängig ist von der Stabilität, der Dauer und dem Zusammenwirken der Träger und Hilfeangebote sowie zusätzlich abhängig ist von der Beständigkeit und der Möglichkeit der Nutzung über das Jugendalter hinaus sowie der guten Zusammenarbeit des Fachpersonals, um gegensätzliche Interventionen zu vermeiden, wurde anhand von leitfadengestützten Interviews überprüft und das aufgezeichnete Material wurde nach Mayring ausgewertet. Die Interviews wurden zuerst transkribiert, um sie dann zu codieren und schließlich die Inhalte als Aussagen für die in dieser Publikation veröffentlichten Gelingensfaktoren nutzbar zu machen bzw. die Aussagen der einzelnen Artikel belegen oder widerlegen zu können.

Für die Kategorie Vernetzung und Zusammenarbeit ergab sich daraus, dass in den Interviews keine speziellen Angebote, die laut Konzeption einen Schwerpunkt der jeweiligen Einrichtung darstellen könnten, genannt oder von den Adressaten*innen thematisiert wurden. Als externes Fachpersonal, das am Hilfeprozess beteiligt war, konnten wissentlich von einem Drittel der Adressaten*innen Psychologen oder Psychotherapeuten genannt werden, was wiederum auch nur zu einem Drittel als unterstützend empfunden wurde. Das gute Verhältnis zur Schule bzw. zu einigen Lehrern thematisierte ein Kind. Inwieweit das mit einer gelingenden Zusammenarbeit mit dem Personal der Einrichtungen in Zusammenhang steht, blieb offen. Eine Befragte äußerte sich zu einer Mitgliedschaft im Sportverein, die sie seit 10 Jahren pflegt und die ihr sehr wichtig ist, da sie dabei ihre Gefühle verstehen und bewältigen kann. Die Hilfeplangespräche wurden größtenteils als unwichtig, sinnlos oder sogar unangenehm empfunden. Gründe hierfür waren Unstimmigkeiten mit dem Vormund, wechselndes Personal beim Jugendamt und bei Jugendlichen im Verselbständigungsprozess fehlende Unterstützung personeller oder finanzieller Art. Zu Heimaufenthalten führten Vernachlässigung, häusliche Gewalt, oder ständige Streitigkeiten in der Adoleszenz.

Sehr wichtig war/ist den Adressaten*innen, Hilfe zur Erfüllung von Wünschen und Bedürfnissen sowie das Reden über Probleme, was größtenteils über und mit ihrem Bezugserzieher funktionierend stattfindet und über die Zeit in der Einrichtung hinaus genutzt wird. Ist die fachliche Qualität der Mitarbeiter*innen in den Einrichtungen mangelhaft, leidet darunter der gesamte Hilfeverlauf. Die Beziehung zum Betreuer ist maßgeblich an der Entwicklung der Adressaten*innen beteiligt. Vertrauen, Empathie und Konfliktfreiheit im unmittelbaren Lebensraum (Schonraum) sensibilisieren die Adressaten*innen für weitere Hilfen. Jährlich wiederkehrende Ausflüge, in dem Fall an die Ostsee, empfand eine Jugendliche als sehr schöne Erinnerung.

Zusammenfassend lässt sich feststellen, dass das Personal der stationären Einrichtungen den Schwerpunkt seiner Arbeit auf die Gestaltung des Alltags legt. Weite Wege aufgrund fehlender Netzwerkstrukturen, die Personalsituation und die Schwierigkeit der Organisation des Alltags in altersgemischten Einrichtungen, in denen die Kinder und Jugendlichen sich in unterschiedlichen Entwicklungsphasen befinden, lässt wenig Zeit für Aufbau, Pflege und Nutzung von Kooperationspartnerschaften. Kooperationen im Sinne der Freizeitgestaltung werden kaum von den Kindern und Jugendlichen als existierend wahrgenommen. Im medizinischen Sektor greift die Unterstützung durch unpassende Interventionen oder nicht auf Kinder und Jugendliche qualifiziertes Fachpersonal meistens nicht. Die Betroffenen der Hilfen zur Erziehung sowie die Mitarbeiter*innen der Einrichtungen stehen vor dem Problem, dass es keine flächendeckenden Angebote und eine fehlende Vielfalt der Angebote gibt.

Strukturelle Rahmenbedingungen, die frühe Interventionen in den Familien und individuelle Unterstützung ermöglichen, reduzieren die Notwendigkeit der stationären Unterbringung der Adressaten*innen. Dazu werden neben finanziellen Ressourcen, die von Kommunen und Gemeinden für Netzwerkkoordination, Umsetzung und Personal bereitgestellt werden müssten, flächendeckende, individuelle und qualitativ gute Angebote benötigt.

Würde im Rahmen der Hilfen zur Erziehung nach § 41 SGB VIII (Hilfen für junge Volljährige) eine bessere Nachsorge und Betreuung der jungen Volljährigen umgesetzt werden, müsste das Fachpersonal freier Träger diesen Mangel nicht in der regulären Arbeitszeit unvergütet ausgleichen.

Ein stabiles, flächendeckendes Netzwerk, was von den Kommunen und Gemeinden aufgebaut wird, auf das die Adressaten*innen und ihre Familien selbst zurückgreifen können, das für die Einrichtungen der Hilfen nutzbar ist und somit einen geringeren Einsatz materieller, zeitlicher oder personeller Ressourcen nötig macht, um Kooperationspartnerschaften zu initiieren, würde den Hilfeverlauf und folgend die Entwicklung der Adressaten*innen sowie die Stärkung seiner/ihrer Ressourcen verbessern und beschleunigen.

„(...) Ja, es ging einfach nicht mehr.
Ich konnte es einfach nicht mehr, Mama
die ganze Zeit zu sehen. Ok, ich liebe sie,
aber ich konnte den ganzen Streit nicht
mehr unter einen Hut bringen (...)"

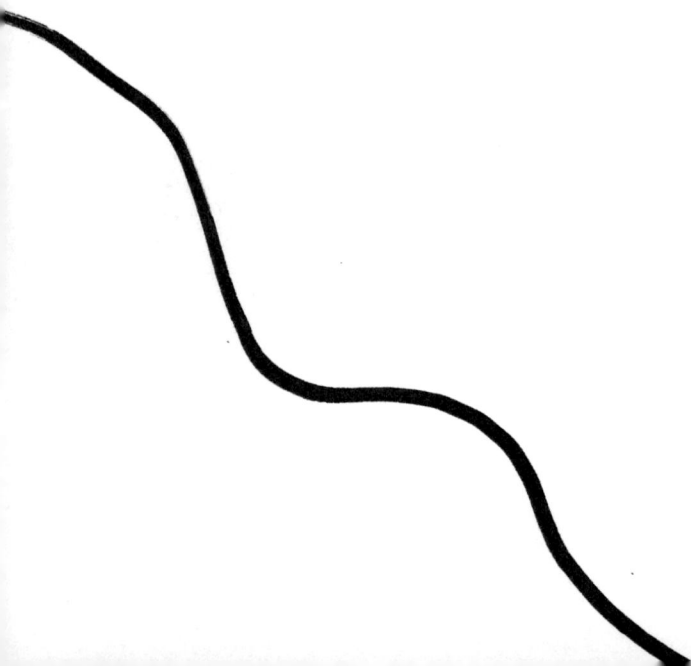

IV.
Sozialraum und Lebenswelt

Meike Frerichs & Jessica Valela

1. Einleitung

1.1 Einführung Lebenswelt Sozialraum

Im Jahre 2016 beendeten in Deutschland 46.122 junge Menschen eine Betreuung in Heimen und anderen Wohnformen. Seit 2011 steigt die Anzahl dieser Maßnahmen im Vergleich zum Jahr 2015 um 13,5 Prozent, im Vergleich zu 2011 um 42 Prozent (Berufsgenossenschaft für Gesundheitsdienst und Wohlfahrtspflege 2018). Die Heimerziehung ist nach dem Achten Sozialgesetzbuch (SGB VIII) §34 eine Hilfe zur Erziehung in Einrichtungen mit 24-Stunden Betreuung. „Jugendhilfe versteht sich spätestens seit in Kraft treten des Kinder- und Jugendhilfegesetzes 1991 als eine sozialstaatliche Leistung für Eltern, die bei der immer schwierigeren Aufgabe, Kinder groß zu ziehen, aktiv zu unterstützen und für junge Menschen, sie bei ihrem Weg ins Leben und in die Gesellschaft fördernd zu begleiten" (Fegert 2004: 19). Von einem Heim wird heute eher im Volksmund gesprochen. Es werden unterschiedliche Formen offeriert, die sich in den Angeboten, der Größe, der Wohnform etc. unterscheiden.

Einer Unterbringung in einer stationären Einrichtung muss allerdings nicht immer eine Traumatisierung oder eine Kindeswohlgefährdung vorausgehen. Kinder und Jugendliche sind den verschiedenen Gründen untergebracht, etwa Gefährdung der Entwicklung aufgrund von Auffälligkeiten, welche für die Eltern meist unlösbar scheinen oder ungünstige Lebensbedingungen etc. Die Heimerziehung richtet sich wie alle Hilfen zur Erziehung nach der Lebenswelt der Kinder und Jugendlichen. Der Begriff der Lebenswelt beschreibt eine Welt, die wir ungefragt als selbstverständlich erleben (Hitzler/Eisewicht 2016).

Lebensweltanalytische Ethnographie oder auch Lebenswelt heute ist neben der analogen Umwelt auch durch die digitale Medientechnologie gezeichnet. Sie reicht von der Erlebnis-, Konsum- bis hin zur Wissenskultur. Diese Erweiterung der Lebenswelt hat aber nicht nur Vorteile, sondern benötigt auch hier einen besonderen Blick. Denn ein Herauslösen aus dem alten Milieu ist oft schwierig, wenn die digitale Lebenswelt erhalten bleibt. Um Kinder aus ihren alten Mustern zu lösen, ist in einigen Fällen eine Unterbringung in eine entferntere Einrichtung seitens der Eltern erwünscht, in gravierenden Fällen kann dies auch vom Jugendamt auferlegt sein. Oft versucht man bei einer Unterbringung aber an die alte Lebenswelt anzuknüpfen und einen Platz in Ortsnähe zu finden. Aufgrund des Platzmangels ist dies aber nicht immer realisierbar und die Adressaten*innen müssen sich auf einen neuen Ort einlassen und sich eine neue Lebenswelt in unbekanntem Milieu schaffen.

In dieser Arbeit werden bekannte Konzepte zur Lebenswelt und zum Sozialraum verglichen und in einen aktuellen Kontext gesetzt. Es wird versucht, zu entschlüsseln, wovon das subjektive Gelingen stationärer Hilfemaßnahmen abhängt und was den Aufenthalt und sein Erfolg eher kontraproduktiv beeinflusst.

1.2 Ziel

Ziel dieser wissenschaftlichen Arbeit ist es, anhand von transkribierten Leitfadeninterviews zu eruieren, welche Faktoren nützlich sind, um die Lebenswelt im stationären Kontext bestmöglich zu gestalten. Neben Interviews mit ehemaligen und aktuellen Bewohner*innen von stationären Einrichtungen wird sich auch auf die theoretischen Forschungsergebnisse von Bruno Bettelheim, Hans Thiersch und Ulrich Deinet bezogen. Es gilt weiterhin herauszufinden, wie sich jene Theorien mit den subjektiven Empfindungen der Adressaten*innen verifizieren lassen und welche Gelingensfaktoren schließlich für einen stationären Aufenthalt erforderlich sind.

2. Bekannte Theorien

2.1 Hans Thiersch

Lebensweltorientierung

In den 1970er-Jahren hat Hans Thiersch neben anderen nam-
haften Soziologen*innen seiner Zeit der Lebenswelt von Adressaten*innen der Sozialen Arbeit eine gewichtige Bedeutung
zugewiesen und damit entgegen den bestehenden sozialpoli-
tischen Strukturen neue konzeptionelle Denkansätze für die
Soziale Arbeit hervorgebracht. Thiersch' lebensweltorientiertes
Hilfekonzept liegen vier verschiedene Wissenschaftstheorien
zugrunde. Etwa die hermeneutisch-pragmatische Pädagogik,
die sowohl dem Alltags-Verstehen als auch dem Alltags-Han-
deln zentrales Potenzial zuschreibt und weiter besagt, dass sich
durch differenziertes Verstehen verändertes Handeln entwickeln kann, denn auch feste Strukturen sind veränderbar (Grun-
wald/Thiersch 2004: 17).

Weiter fußt das Konzept auf dem phänomenologisch-interak-
tionistischen Paradigma, demnach wird die alltägliche Lebenswelt durch Routine rekonstruiert und mittels der Faktoren Zeit,
Raum und soziale Bezüge strukturiert (Grunwald/Thiersch
2004). Thiersch berücksichtigt in seinen Überlegungen auch die
kritische Variante der Alltagstheorie. Engstirnige Gesinnung
soll aufgelöst und weiter substanzielle Qualitäten im Alltag gefunden werden (Grunwald/Thiersch 2004: 18). Als vierter und
letzter Pfeiler wird das Konzept der Lebensweltorientierung
durch Gesellschaftsanalyse gestützt. Zuletzt sind wir eben
durch unsere Umwelt geprägt, die von uns immer neue Bewäl-
tigungsmechanismen abverlangt, zudem kulturelle, materielle
und soziale Diversität bereithält. Subjektive Erfahrung trifft auf
sachliche Struktur (Grunwald/Thiersch 2004: 18).

Diese ganzheitliche Sicht auf Lebenswelten bietet Adressat*innen die Möglichkeit der Partizipation und Reflektion am eigenen Hilfegeschehen. „Lebensweltorientierung meint den Bezug

auf die gegebenen Lebensverhältnisse der Adressat*innen, deren Hilfe zur Lebensbewältigung praktiziert wird, meint den Bezug auf individuelle, soziale und politische Ressourcen, meint den Bezug auf soziale Netze und lokale/egionale Strukturen" (Thiersch 1992: 5).

2.2 Bruno Bettelheim

Milieutherapie

Die Milieutherapie ist ein therapeutischer Prozess, bei dem eine „künstliche Familie" eine temporäre Lebensgemeinschaft bildet. Adressaten*innen mit vergleichbaren Problematiken sollen sich unter fachlicher Anleitung gegenseitig therapieren. Diese Gruppe besteht neben den Adressaten*innen meist aus Sozialarbeiter*innen, Psychologen*innen, Ärzten*innen, Lehrer*innen und Hauskräften. Sie leben gemeinsam nach einem fest strukturierten Tagesplan, übernehmen anfallende Hausdienste und erleben gemeinsame Aktivitäten. Bruno Bettelheim prägte den Begriff der Milieutherapie und gründete 1944 auf dem Campus der Universität Chicago das jugendpsychiatrische Heim „Orthogenic School", „die Schule".

Diese Art der Therapie baut auf einem ganzheitlichen Konzept auf, bei dem die künstliche Familie mit Sozial- und Psychotherapie verknüpft wurde. Damals ein ganz neuer und umstrittener Ansatz, bei dem die Adressaten*innen wieder Vertrauen zu Erwachsenen aufbauen und einen festen Tagesablauf ohne Zwang erleben konnten. Bettelheim beobachtete, dass die Kinder Zwischenräume, wie Garderoben, Flure und Treppenhäuser nutzten, um sich dort aufzuhalten. Räume mit zugeschriebener Funktion jedoch, bspw. Schlafraum oder Essensraum, schränkten die Phantasie der Kinder ein. Bettelheim nutzte dieses Wissen, um das Ich-Konzept der Adressaten*innen zu stärken. Außerdem konnte er in Zwischenzeiten, wie dem Übergang vom Schulschluss bis zur Essenszeit beobachten, dass die Kinder stark verunsichert waren und besondere Zuwendung verlangten. Die Ausgestaltung dieser Zwischenzeiten bedarf ein stabiles Ich-Konzept.

2.3 Ulrich Deinet

Sozialraumaneignung

Das Konzept der sozialräumlichen Aneignung findet seinen Ursprung in der kulturhistorischen Schule der sowjetischen Psychologie. Hier ist insbesondere Alexei Nikolajewitsch Leontjew zu nennen, der mit der Subjekttheorie den Grundstein gelegt hat. 1983 wurde das Aneignungskonzept von Klaus Holzkamp erweitert und von Deinet aktualisiert. Die Entwicklung des Heranwachsenden wird als konstante Auseinandersetzung mit der Umwelt begriffen (Deinet 2004). Kinder und Jugendliche suchen sich ihre Räume in der Stadt und auf dem Land und geben ihnen ihre persönliche Bedeutung.

Diese Räume können von unterschiedlicher Struktur sein, etwa eine Parkbank, ein Spielplatz ebenso eine Baustelle können als Orte zum „chillen" und Freunde oder Peers treffen, beansprucht werden. Dort können sie sich individuell entfalten und ganz ohne Erwachsene gewisse entwicklungsbedingte Bewältigungsprozesse gestalten. „Mit Sozialraum werden somit der gesellschaftliche Raum und der menschliche Handlungsraum bezeichnet, das heißt der von den handelnden Akteuren [Subjekten] konstituierte Raum und nicht nur der verdinglichte Ort [Objekte]" (Deinet 2009: 7-8). Sozialräumliche Jugendarbeit ist eine wesentliche Blickrichtung in der Stadt- und Quartiersentwicklung. Man versucht schon im Planungsvorgang durch erhobene Daten via Eco-maping, subjektive Landkarte etc. die Jugendkultur unter sozialräumlichen Aspekten zu berücksichtigen und geeignete Standorte für bspw. offene Jugendclubs, Sport- und Spielplätze zu finden.

Das Aneignungskonzept wird in fünf Dimensionen der Aneignung unterteilt: Aneignung als Erweiterung motorischer Fähigkeiten, Aneignung als Erweiterung des Handlungsraums, Aneignung als Veränderung von Situationen, Aneignung als Verknüpfung von Räumen und Aneignung als „spacing" (Deinet 2014). Nach Martina Löw wird unter spacing das eigentätige Schaffen von Räumen verstanden, die als informelle Lernorte in der aktuellen Bildungsdiskussion immer größere Bedeutung für gesellschaftliche Prozesse haben (Löw 2001).

3. Denkbare Gelingensfaktoren

3.1 Schonraum und Einbindung

Kinder und Jugendliche aus prekären familiären Verhältnissen können emotional verstört und dazu traumatisiert sein, wenn sie als „letzte" Hilfemaßnahme in stationäre Einrichtungen, sprich Heime kommen. In der Familie konnte das Kind keinen pädagogischen Entwicklungs- und Schonraum der Kindheit erfahren (Böhnisch 1992). Die Integration Kinder aus prekären Familienverhältnissen braucht Zeit, Geduld und Wohlwollen seitens der Einrichtung und des pädagogischen Personals.

Nicht immer ist eine unproblematische Kooperation und Interaktion möglich. „Heimkinder" haben oft das Vertrauen in Erwachsene verloren, wurden unterdrückt, haben psychische und physische Nötigung erfahren und Erwachsene immer als unzuverlässige Bestimmer ihrer Lebenswelt wahrgenommen. Nach Bettelheim soll das Kind in der stationären Einrichtung einen Schonraum finden, damit es zunächst zur Ruhe kommen und sich allmählich an die neue Lebenswelt gewöhnen kann. Es soll lernen, dass nicht jede Welt so ist, wie die der Familie, vielmehr soll es die Möglichkeit bekommen, in einem Umfeld aufwachsen zu können, dass ohne Repression auskommt und stets liebe-voll und verlässlich ist (Bettelheim 1971). Bettelheims Milieu-therapie verbindet Psychotherapie mit Sozialtherapie, sowohl in Einzelsettings wie auch in Gruppensettings findet Therapie statt. Im Gruppenalltag werden Verarbeitungsprozesse durch Übertragung und Gegenübertragung unverarbeiteter Erfahrungen der Vergangenheit angestoßen, überdies sind Rückzugs-möglichkeiten unabdingbar. Der Kontakt zu den Eltern kann stark eingeschränkt sein, um dem Kind auf diese Weise den Weg in die neue Lebenswelt zu erleichtern und es vor etwaigen negativen Einflüssen der Familie zu schützen (Wesely 1997).

Nicht jedes Kind, das in eine stationäre Einrichtung kommt, ist automatisch traumatisiert und braucht therapeutische Betreuung. Dennoch hinterlassen die Bilder des Erlebten ihre Spuren, was sich etwa in der Unfähigkeit, sich auf Menschen einzulassen, widerspiegelt. Zwischenmenschliche Beziehungen fallen unter Umständen schwer, alles ist Überforderung und Chaos. Ein herzliches Milieu und ein gefestigter Alltag mit bleibenden Eindrücken kann für das Kind ein erster Schritt für Vertrauens-bildung sein. Das Erleben menschlicher Integrität, gespickt mit positiven Alltagserfahrungen in der Einrichtung, fördern die Identitätsbildung. Erlangte Kompetenzen und die Summe der sozialen Beziehungen wirken als stützende Pfeiler von Lebens-welten und hinterlassen die Zuversicht, das Leben bewältigen zu können.

3.2 Reizarme Umwelt

Wenn von einer reizarmen Umwelt gesprochen wird, hat dies meist eine negative Konnotation. Es gibt viel darüber zu lesen, wie wichtig eine reizvolle Umgebung für Säuglinge aber auch für Menschen jeden Alters ist. Dennoch gibt es auch eine gute reizarme Umwelt, wie beispielsweise in Kindergärten oder wie in unserem Fall in einer stationären Einrichtung. Schon Bruno Bettelheim lebte in seinen Einrichtungen nach der Überzeugung, dass eine reizarme Umgebung eine gute Voraussetzung bietet, um die Kinder und Jugendlichen aus traumatischen und problematischen Alltagssituationen herauszulösen. Dabei versuchte Bettelheim vorhandene Reize optimal zu dosieren, statt sie ganz zu unterbinden (Bettelheim 1971). Wir leben in ständiger Interaktion mit unserer Umwelt und stehen in kausaler Beziehung zu ihr. Wenn wir diese Interaktion auf ein Minimum an Reizen reduzieren, können wir auch von Monotonie sprechen. Monotonie ist ein Zustand herabgesetzter psychischer Aktivität.

Dieser zeigt sich in Müdigkeit oder in reduzierter Leistungsfähigkeit. Es finden sich einige Studien, in denen der Zusammenhang zwischen reizarmer Umgebung, körperlicher und geistiger Gesundheit untersucht wird. Charles J. Holahan und Abraham Wandersman wiesen darauf hin, dass Therapieziele in psychiatrischen Kliniken oft durch die Gestaltung der Räumlichkeiten behindert werden. Sie konnten nachweisen, dass in einem Krankenhaus eine wenig anregende Umwelt zu Inaktivität seitens der Patienten führt. Weiterhin beobachteten sie, dass ein Zimmerausblick Richtung Park eine kürzere postoperative Behandlung bewirkte. Patienten mit Blick auf eine Backsteinmauer hatten längere Aufenthalte (Eisenhardt 2008).

Neben der Unterstimulation ist aber auch eine Überstimulation von Reizen denkbar. Besonders in Großstädten kann es durch die Faktoren Lautstärke, Licht, Design etc. vermehrt zu einer Überstimulation kommen. Dann werden Phasen der Reizverminderung als Erholung empfohlen (Eisenhardt 2008). Eine reizgeminderte Umwelt kann also auch produktiv sein. In stationären Einrichtungen bspw. kann eine Reizminderung beruhigend wirken. Eine feste Tagesstruktur kann als solch eine Minderung funktionieren. Eine Reizreduktion wurde hier durch Stressabbau erwirkt. Das lässt die Frage aufkommen, welcher Grad der Reizminderung oder Reizförderung erstrebenswert ist. „[...] Vernon berichtet von einem Versuch, in dem sich zeigte, dass zwischen dem Aktivationsniveau und komplexen Reizen ein Zusammenhang besteht. Bei Lärm [hoher Aktivation] wurden unregelmäßige Muster weniger bevorzugt als regelmäßige; bei niedriger Aktivation war es umgekehrt. Es scheint also ein optimales Aktivationsniveau zu geben" (Eisenhardt 2008: 55).

Wenn bereits eine erhöhte Aktivität besteht, wählen wir zum Schutz unseres Selbst ein Muster, das uns nicht noch weiteren Reizen aussetzt. Wir regulieren uns selbst. Wenn wir uns also in einem Lebensbereich überfordert fühlen, können sich unterbewusst andere Mechanismen runterregulieren. Wie in vielen Bereichen des Lebens ist es also erstrebenswert, die goldene Mitte zwischen Unter- und Überstimulation zu finden. Im Handbuch „ökologische Psychologie von Kruse et al." wird ein Konzept vorgestellt, das eine Optimierung unserer Umwelt durch Handlungsfreiraum erstreben soll. Die Umwelt wird anhand einer Matrix mit 12 Feldern ermittelt und in vier Hauptdimensionen unterschieden: Bewegungsfreiraum, Beziehungsfreiraum, Tätigkeits- und Aktivierungsfreiraum sowie Entscheidungs- und Kontrollfreiraum. Dieses Konstrukt kann als Grundlage für die Gestaltung therapeutischer Umwelten genutzt werden.

3.3 Verschiedene Angebote und förderliche Faktoren

Verlässt ein/e Adressat*in die gewohnte familiäre Lebenswelt, so benötigt er/sie verschiedene Angebote, um sich in die neue, fremde Lebenswelt bestmöglich einzuleben. Bspw. was Freizeitgestaltung betrifft, sind sport- und erlebnisorientierte Einzelangebote, kulturelle Angebote, Kunst und Freund treffen etc. sehr wichtig. Aber auch therapeutische Angebote sollten vorhanden sein, um eine adäquate Begleitung zu gewährleisten. Dies können Angebote in Klein- und Kleinstgruppen, tiergestützte Pädagogik, Biographiearbeit, Erlebnispädagogik, psychotherapeutische Begleitung etc. sein. Förderliche Faktoren, die Hilfen begünstigen, können sein: ein/e Bezugsbetreuer*in, eigene Freizeitgestaltungsmöglichkeiten, psychologische Betreuung, wenig Fluktuation bei Kindern und Erzieher*innen, Beteiligung von Kindern und Eltern, Erhalt der früheren Sozialstruktur (Schule, Freunde), eigenes Taschengeld, Aufarbeitung der vorherigen Lebenswelt, ein eigenes Zimmer etc.

Viele Dinge empfinden wir als selbstverständlich, beispielsweise unseren eigenen Rückzugsort. Dort folgen wir unserer täglichen Routine, die uns Sicherheit gibt. Unser Lieblingsplatz in der eigenen Wohnung, der immer gleiche Blick aus dem Fenster, dass wir auch nachts problemlos den Weg ins Badezimmer finden. Eine Wohnung bewirkt, dass wir sesshaft werden. Sie ermöglicht dabei leben, nicht nur überleben. Aus ihr entwickeln wir Existenznischen, mit denen wir leichter leben und besser soziale Interaktionen erleben können (Günder 1995 zit. n. Floßdorf 1988). Stellen wir uns jetzt vor, dass wir in einer fremden Umgebung aufstehen, wo uns alles unbekannt und neu ist, denn eine ganze Lebenswelt mit vielen Details ist vorerst verschwunden. Selbst wenn Kinder oder Jugendliche aus schlechten häuslichen Verhältnissen stammen, fehlen die gewohnte Umgebung und die Familienmitglieder. Eine neue Unterkunft soll im besten Fall für den/die Adressaten*in nicht als Strafe, sondern als Chance für eine Neuorientierung verstanden werden.

Damit dies gelingt, sind bereits die Architektur und die Gestaltung eines Hauses elementar. Um ein heilendes Milieu zu erzeugen, reichen oft relativ einfache Mittel aus, um ungünstige Wohnsituationen positiv zu verändern (Günder 1995 zit. n. Mahlke 1988). Eine funktionierende und gut gestaltete Lebenswelt ist also ein wichtiger Gelingensfaktor in der stationären Unterbringung. Das hat die Kinder- und Jugendhilfe erkannt und geht, noch anders als vor einigen Jahrzehnten, ganz gezielt auf die individuellen Wünsche der Adressaten*innen ein. Es wird sich an der alten Lebenswelt orientiert, Möbel werden verändert, Wände je nach Wunsch gestrichen, Bilder aufgehängt. Damit wird für Transparenz, Partizipation und die Stärkung der Kinder gesorgt.

3.4 Raumaneignung

Im öffentlichen Raum kann man häufig Kinder und Jugendliche sehen, die in ihrer Freizeit an für Außenstehende unpassenden Orten herumlungern. Kinder und Jugendliche suchen sich ihre Räume im öffentlichen Raum, wo sie „chillen" und „abhängen" können. „Weil Räume vor allem städtische Räume sind, nicht naturbelassen, sondern ganz und gar vom Menschen bearbeitet, gestaltet, verändert und strukturiert sind, müssen sich die Kinder und Jugendlichen diese Räume und die Bedeutungen, die darin enthalten sind, genauso aneignen wie die Gegenstände und Werkzeuge in der unmittelbaren Umgebung des Kleinkindes" (Böhnisch 1990: 58).

In den individuellen Räumen werden, anders als in Schulen, die institutionelle Lernorte sind, bspw. auch soziale Kompetenzen und Umgang mit fremden Menschen eigentätig erlernt. Nach Helga Zeiher verinseln die Lebenswelten der Kinder und Jugendlichen. In ihrem Inselmodell von 1983 grenzt sich das familiäre Zuhause mit den in der näheren Umgebung gelagerten Orten als das Zentrum des Lebensraums von den übrigen Inseln ab. Von hier aus werden allmählich neue Inseln erschlossen, die im wenig oder weiter entfernten städtischen oder ländlichen Raum liegen, wo bspw. Freizeitangebote, Schule und Kindergarten oder Wohnorte von Freunden und Verwandten zu finden sind.

Böhnisch spricht von Lebensbewältigung, die dort stattfindet. Denn Kinder und Jugendliche interagieren mit ihrer Umwelt. Die erfahrene Wirklichkeit löst handlungsbezogene Lernprozesse aus und trägt zu Sozialisation und Netzwerkaufbau ebenso bei wie zum Verstehen gesellschaftlicher Strukturen, Normen und Werte. Einrichtungen können durch Settings und Freiräume Rahmen schaffen, die Raum zur Raumeroberung (zu)lassen. In ihren selbst geschaffenen Räumen sozialisieren Kinder und Jugendliche allein und bewältigen weitestgehend ohne pädagogischen Einfluss und auferlegten Regeln ihr Leben, gleichzeitig reifen sie in den Nischen ihrer Außenwelt mit jeder Erfahrung heran. In Zeiten der Mediatisierung bewegen sich gegenwärtig Kinder immer früher und Jugendliche ohnehin vermehrt in medialen Räumen. Medienkonsum jeglicher Art, interagieren in sozialen Netzwerken und profilieren über Videospiele gehören zum alltäglichen Bestandteil ihrer Lebenswelt. Mediale Raumaneignung geschieht hier nahezu ohne physische Betätigung.

Dennoch sind laut Böhnisch Medien für Jugendliche „[...] Mittel, um sich aus den Kontrollen der Erwachsenengesellschaft symbolisch zu befreien" (Böhnisch 1992: 187). Weiter sieht Böhnisch einerseits die Möglichkeiten zur Erweiterung sozialer Handlungsfähigkeit der Jugendlichen durch die Mediennutzung, andererseits auch die Gefahr des exzessiven Konsumverhaltens (Böhnisch 1992). Sozialräumliche Aneignung bei Kinder und Jugendlichen, ob über Medien, also interaktiv oder analog, in der realen Welt, fördert elementare Entwicklungsprozesse und produziert Kernkompetenzen. Sie ist ein schier natürlicher Bestandteil der Subjektbildung in einer pluralen Gesellschaft.

4. Kritik

4.1 Kritik zu den Theorien

Bettelheim

In kritischen Texten geht es oft um Bettelheim per se. Es kursieren Vorwürfe, die besagen, dass er Ergebnisse seiner wissenschaftlichen Arbeit gefälscht hat und es existieren Gewaltvorwürfe von ehemaligen Adressaten*innen. Bettelheim betonte stets, dass eine gewaltfreie, angstfreie Erziehung ein wichtiger Schlüssel sei, er betonte aber auch, dass es keine Perfektion geben kann. Bettelheim möchte Eltern die Angst nehmen, dass jeder Fehler von ihnen katastrophale Folgen haben könnte. Wenn es eine Balance gibt, wenn sie sich bemühen und das Kind lieben, dann sei es gut – Eltern müssen nicht perfekt sein (Bettel-heim/Otto 1989). Wenn man diese Aussage nun direkt auf Bet-telheim selbst in seiner Funktion als Leiter anwendet, könnte das bedeuten, dass er sich seines Fehlverhaltens bewusst war. Einige Stimmen münzen seine Ausbrüche auf seinen Aufent-halt im Konzentrationslager.

Thiersch

Thiersch prägte den Begriff der Lebensweltorientierung wie kein anderer. Er verlangt für die Umsetzung der Hilfeleis-tung ein hohes Maß an Respekt für die jeweiligen Lebensent-würfe. Das fordert von den Fachkräften große Flexibilität und kritisch-reflexive Selbsteinschätzung. Eine Standardisierung von Arbeitsabläufen ist unmöglich. Kritiker*innen bemängeln außerdem, dass manche Bereiche (bspw. Betriebswirtschaft) bei der Entwicklung dieser Theorie zu wenig oder keinerlei Be-achtung gefunden haben. Des Weiteren kam es zu einem in-flationären Gebrauch des Begriffes. Anstatt vom Leben eines/r Adressaten*in zu sprechen, wurde der Begriff Lebenswelt zu schnell angewandt. So wurde diese gewichtige Bezeichnung verharmlost und zu wenig in die praktische Arbeit eingebettet.

Deinet

Obwohl das Aneignungskonzept aktuell in der Praxis der Sozia-len Arbeit und in der Sozialpädagogik zum Einsatz kommt und sich etwa in der offenen und sozialräumlich orientierten Kin-der- und Jugendarbeit bewährt hat, fehlt ihm doch eine fach-wissenschaftliche Anbindung. Auch gibt es keinen Anschluss an die englischsprachige Activity Theory. Der Ansatz des Aneig-nungskonzeptes liegt in der Psychologie und Soziologie.

5. Fazit

5.1 Fazit anhand der Theorien

Um die Lebenswelt von Adressaten*innen in stationären Einrichtungen bestmöglich zu gestalten, kann man sich durchaus auf die theoretischen Forschungsergebnisse von Bruno Bettelheim, Hans Thiersch und Ulrich Deinet stützen. Sie bilden eine solide Grundlage, wenn es darum geht, zu verstehen, was Kinder und Jugendliche in stationären Einrichtungen brauchen, welche Dinge förderlich und welche eher hinderlich sind oder was ihre Lebenswelt überhaupt auszeichnet. Die Lebensweltorientierung von Thiersch stützt sich auf die gegebenen Verhältnisse von Adressaten*innen und die damit verbundenen Routinen und Ressourcen des Einzelnen. Das hier und jetzt der Adressanten*innen wird beleuchtet und gewürdigt.

Bei Bettelheims Milieutherapie liegt das Hauptaugenmerk auf der Wechselwirkung von künstlich geschaffener Familie und Ich-Stärkung. Hier lassen sich Schlüsse aus dem Zusammenleben in stationären Einrichtungen ziehen.

Deinets Sozialraumaneignung befasst sich mit der Suche nach Räumen und deren Bedeutung für Kinder und Jugendliche. Maßgebliche Lernprozesse finden dort statt und tragen schließlich zur Ich-Bildung bei. Eine Synthese der Lebensweltorientierung, Millieutherapie und Sozialraumaneignung wäre für das Verstehen und Gelingen der Lebensweltführung von Adressaten*innen in stationären Unterbringungen am wertvollsten.

Interviewbezogenes Fazit

Nachdem insgesamt elf Experteninterviews transkribiert wurden, konnten sie paraphrasiert und generalisiert werden. Im Anschluss gibt die Reduktion einen schnellen Überblick darüber, wo sich markante Analogien zu den Theorien entdecken lassen.

In einem Interview mit einer 14-jährigen Schülerin, die aktuell in einer stationären Einrichtung lebt, ließen sich mehrere theoretische Gesichtspunkte verifizieren. So erzählt das Mädchen von der Wichtigkeit eines Ortswechsels. In ihrem Fall war ein Herauslösen aus ihrem alten Milieu selbst gewünscht und erfolgreich. Sie gestaltete sich eine neue Lebenswelt, in der sie sich besser zurechtfinden konnte, als in ihrer alten. Es konnte anhand des Interviews weiter eruiert werden, welche Wichtigkeit Nischen haben.

Der neue Lebensraum wurde zuerst alleine, dann mit neuen Freundschaften erkundet und ein Bahnsteig wurde zum liebsten „Chill-Platz". Schonraum suchte sich das Mädchen bei den Tieren der Einrichtung oder im nahegelegenen Wald. Dort kann sie durch streicheln der Tiere oder durch schreien im Wald ihr Aktivationsniveau anpassen. Ihre Einrichtung konnte sie frei wählen und sie bevorzugte eine ländliche Umgebung. Auch dies zeigt die selbstständige Regulierung der Reize. Das eigene Zimmer, ihr Rückzugsort, hat für sie große Relevanz. Eine Rückführung zur Mutter ist bis auf Weiteres nicht erwünscht.

Ihre neue Lebenswelt wurde durch die genannten Gelingensfaktoren für sie bestmöglich gestaltet und von ihr gut angenommen. Die Weichen für ein erfolgreiches und zufriedenstellendes Leben im Anschluss an die Heimzeit scheinen demnach gestellt zu sein. Ein weiteres sehr informatives Interview wurde mit einem 46-jährigen ehemaligen Heimbewohner geführt. Er wurde mit zwölf Jahren 1985 in einer stationären Einrichtung in Berlin untergebracht, blieb dort bis 1992. Der Impuls, seine

Familie zu verlassen und einen Aufenthalt in einer stationären Einrichtung vorzuziehen, ging, wie bei der 14-jährigen Schülerin, von ihm selbst aus. Seine Erinnerung an diese Zeit ist sehr negativ unterlegt. Er erinnert sich, dass die Einrichtung völlig überfüllt und das pädagogische Personal stark überfordert war. Gesteht den Betreuern aber ein gewisses liebevolles Engagement und die Bemühungen, jedem Kind individuell gerecht zu werden, ein. Einige Freizeitangebote waren vorhanden und wurden von ihm auch genutzt. Am liebsten war er jedoch mit seinem Fahrrad alleine im Wald – eine weitere Überschneidung mit den Aussagen im ersten Interview.

Er suchte sich seinen eigenen Schonraum, eignete sich einsame Ort an, hatte aber auch viele Freunde in der Einrichtung. Eine Freundschaft hält sogar bis heute. Auch bei ihm war eine Rückführung nicht erwünscht. Der Kontakt zu Vater und Stiefmutter brach relativ bald ab, was ihn nicht störte, denn er war froh, an einem sicheren und gewaltfreien Ort zu sein. In der Zeit im Heim erlebte er viele soziale Abstürze ehemaliger Bewohner*innen, sie wurden kriminell, hatten keine Berufsausbildung oder wurden drogenabhängig. Die Vorahnung, ihm könnte ähnliches widerfahren, gab ihm den nötigen Elan, sein Leben in geregelte Bahnen zu lenken. Nach der Entlassung kam die schwierige Zeit der Integration in die Gesellschaft, er war suizidgefährdet und wusste, dass niemand, außer er selbst, ihm helfen konnte. Er wurde noch eine Weile von den Betreuern der Einrichtung einzelbetreut, machte in der Zeit eine Ausbildung und fand allmählich den Zugang in ein Leben, wie er es sich wünschte.

Interessanterweise konnte er als Care Leaver trotz all der Widrigkeiten in der Einrichtung und seinen eigenen psychischen Problemen, seinen Weg finden und seinen eigenen Ansprüchen an das Leben genügen. Der Wille und die Durchsetzungskraft entsprangen in ihm selbst und hingen nur bedingt von den Gelingensfaktoren in der Einrichtung ab, es war vielmehr die Angst noch tiefer abzustürzen. Ihm waren soziale und berufliche Integration sowie eine eigene Familie wichtig. Er wusste, dass er diese Ziele nur durch eigenen Einsatz erreichen konnte. Das Stigma Heimerziehung in der Biografie sollte nicht die Ursache für sein verpasstes Leben sein und ihn chancenlos machen.

In den anderen neun Interviews ließen sich weitere Gemeinsamkeiten feststellen. Die größte unter ihnen war der Wunsch nach einem Rückzugsort, der Entspannung verspricht. Unsere Experten*innen wurden nach ihren Lieblingsorten befragt und jeder dieser Orte musste ein Ruhepol darstellen. Diese konnten verschiedene Formen haben. Beispielsweise fanden die Experten*innen Ruhe bei dem besten Freund, im eigenen Zimmer, auf einem leeren Fußballplatz, unter Bäumen, bei Tieren und wie schon erwähnt, im Wald. Der Wald, der sich für einige Kinder in direkter Umgebung befand, wurde sehr häufig als Rückzugsort genannt. Die Natur tut dem Menschen gut. Die Begegnung mit der Natur hat eine entspannende und stabilisierende Wirkung für Körper und Geist und lässt uns weniger ermüden, als in künstlicher Kulisse. Rainer Brämer spricht dabei von einer „anstrengungslosen Aufmerksamkeit".

„In der Natur ist die in der modernen Konsum- und Medienwelt unerlässliche Wahrnehmungsselektion und Reizabwehr überflüssig (...). Das fördert nicht nur realistischere Wahrnehmungen, sondern auch die spontane Kreativität" (Rainer Brämer 2015). Nach diesen Erkenntnissen können wir hinsichtlich Lebenswelt/Sozialraum einen wichtigen Gelingensfaktor ausmachen. Um die neue Lebenswelt besser annehmen zu können, ist eine naturnahe stationäre Unterbringung von großem Vorteil. Es erleichtert die Regulierung des eigenen Aktivationsniveaus und ein Herauslösen aus dem alten Milieu und bietet zudem Schonraum. Raum, der von den Kindern in dieser Zeit des Umbruches so dringend benötigt wird.

„(...) Mit Freunde hatte ich so nichts
mehr zu tun, weil ich dann Heimkind
geworden bin (...)"

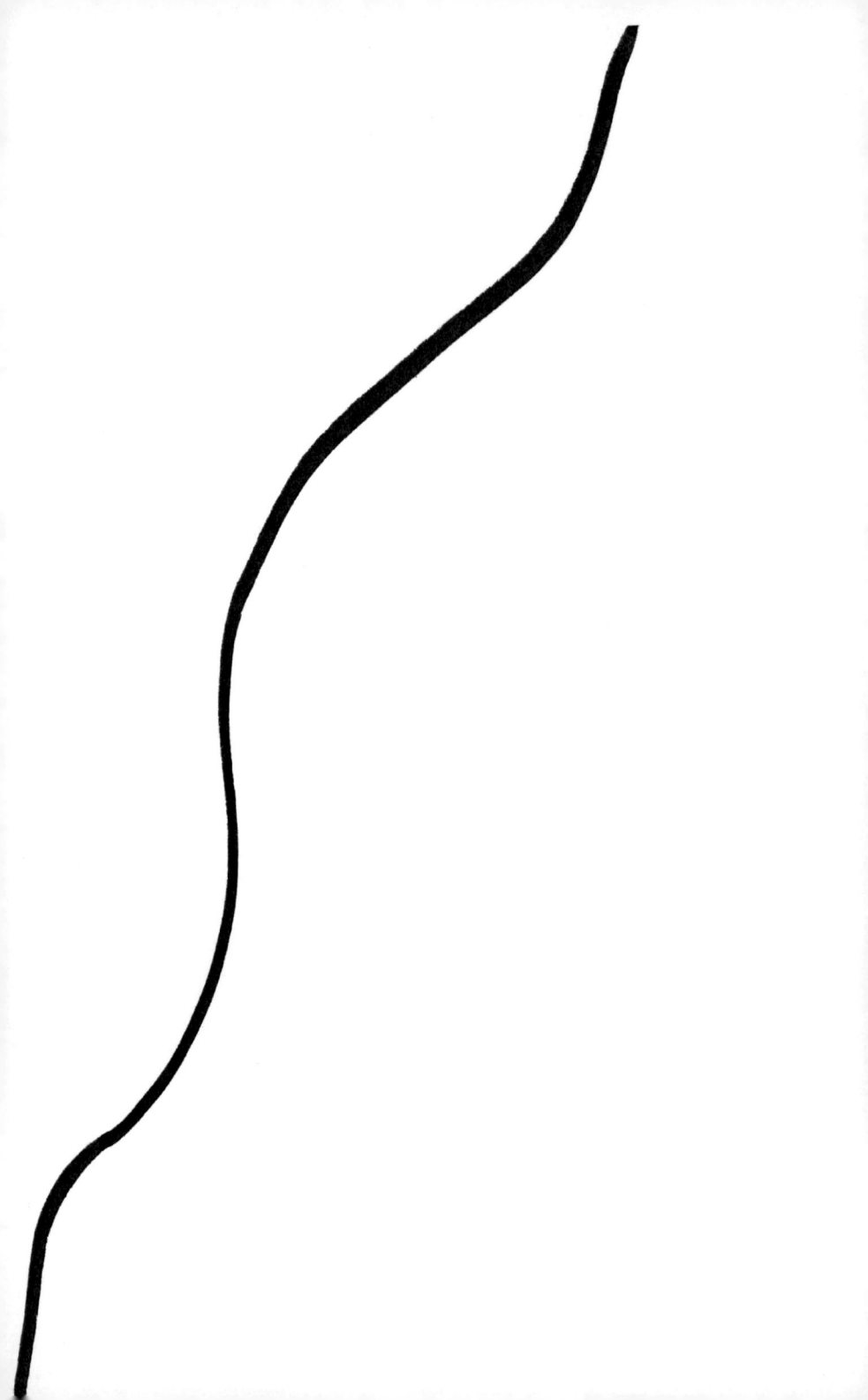

V.
Entwicklungsphasen und Jugendkultur

Michelle Schulz & Iris Zimmermann

1. Problemstellung

Im Rahmen des Lehrendenprojektes „Hilfe zur Erziehung" sollen sowohl die Entwicklungsphasen als auch die Jugendkultur in stationären Einrichtungen der HzE (Hilfe zur Erziehung) genauer beleuchtet werden.

1.1 Einführung in das Thema

Die Themen Jugendkultur und Entwicklungsphasen sind wichtige Einflussfaktoren, die auf das Erleben und Verhalten von Kindern und Jugendlichen wirken und deren Handeln beeinflussen. Vor allem in stationären Einrichtungen, die nach §27 SGB VIII Hilfe zur Erziehung agieren, ist es von bedeutendem Interesse, diese Faktoren zu kennen, um ein besseres Verständnis für Gegebenheiten und Situationen zu entwickeln und professionell zu handeln. Durch das Wissen um die Entwicklungsphasen ist es in der Jugendhilfe möglich, professionell die Ressourcen der Adressat*innen zu nutzen und mögliche Risikofaktoren zu minimieren.

„In der frühen Kindheit werden die Weichen für das ganze Leben gestellt. Dennoch kann man eine schlechte Kindheit auch als Erwachsener noch ausgleichen." (Kutzbach 2016).

Die Psychologie und die Kinderheilkunde beschäftigen sich seit ca. 60 Jahren mit den Umweltbedingungen, die die seelische Entwicklung eines Kleinkindes beeinflussen können. Die Persönlichkeitsentwicklung eines Individuums durchläuft spezifische Phasen – die orale, anale, phallische, Latenz- und genitale Phase. Die Persönlichkeit besteht hingegen für die klassische Lerntheorie aus Verhaltensmustern bzw. Reaktionstendenzen. Diese wurden im Entwicklungsverlauf aufgrund von Nachahmungs- und Verstärkungsprozessen gelernt und können immer wieder verlernt werden (Dührssen 1977: 5).

Die Persönlichkeitsentwicklung wird durch viele Faktoren beeinflusst, die sich grob in „äußere" und „innere" Faktoren unterteilen lassen. Innere Faktoren sind beispielsweise das Temperament und physiologische Prozesse, das Erbgut, aber auch die Ergebnisse der bisherigen Persönlichkeitsentwicklung: Einstellungen, Eigenschaften, Werte, Vorurteile, Motive, Ängste, Interessen, Verhaltens- und Wahrnehmungstendenzen, Selbstwertgefühle uvm. Äußere Faktoren sind die individuelle Lebenswelt und der soziale Kontext des Individuums. Sie umfassen Einflüsse der Familie, der natürlichen Umwelt, der Gruppe von Gleichaltrigen, der sozialen Schicht, des Netzwerkes, Kultur und Gesellschaft sowie ihrer Institutionen. Innere und äußere Faktoren wirken meist nur dann auf die Entwicklung der Persönlichkeit, wenn sie wahrgenommen und intrapersonell verarbeitet wurden (Textor 1991).

Daher ist es wichtig, die Persönlichkeitsentwicklung und die damit verbundenen bereits erwähnten Faktoren auch unter dem Aspekt der Jugendkultur zu betrachten, um ein ganzheitliches Verständnis zu erlangen.

Der Begriff Jugendkultur bezeichnet bestimmte Lebensstile und Lebensvorstellungen von jungen Individuen, die das Bedürfnis haben, selbständig Entscheidungen zu treffen und eigene Werte zu entwickeln (Schneider/Toyka-Seid 2018). Im Kontext einer stationären Unterbringung ist die Trennung der Lebenswelten zwischen Kindheit/Jugend und Erwachsenen sowie ihr direktes Spannungsverhältnis als ein Baustein der Sozialintegration im besonderen Maße vorhanden. Daher sollte die Sozialintegration eine individuelle Aufklärung der Motive der Trennung von Kindern und Eltern vermitteln, um die Entwicklung des Kindes nicht zu beeinträchtigen (Lambers 1996: 50).

Es lässt sich daraus schließen, dass die Aspekte Entwicklungs-phasen und Jugendkultur eine enorme Bedeutung für die Per-sönlichkeit und das Handeln eines Individuums haben und daher im Rahmen des ganzheitlichen Forschungsprojekts nicht außer acht gelassen werden können.

1.2 Entwicklungstheorie

Wann wird in der Psychologie von Entwicklung gesprochen? Der Fokus dieser Arbeit soll auf der Entwicklung des Individuums liegen, sozialisatorische Faktoren werden zunächst nicht be-trachtet. Es geht um die Entwicklung des Menschen. Allerdings beschäftigt sich die Wissenschaft bis heute damit, inwieweit die gesellschaftliche Entwicklung die Entwicklung des Individuums beeinflusst (ebd.).

„Entwicklung ist Veränderung im Laufe der Zeit" (Kasten 2013: 15). Die klassische Entwicklungspsychologie besagt, dass Wachstums- und Entwicklungsveränderungen sich vorrangig im Kindes- und Jugendalter intrapersonell auf der Basis eines bestimmten Bauplans vollziehen (Kasten 2013: 15). Dabei wird der Umwelt primär eine auslösende Funktion zugeschrieben, in unvorteilhaften Fällen jedoch eine hemmende Wirkung. Daher bedeutet Entwicklung das Zusammenwirken von Umwelt und Anlage (Schenk-Danziger 2002: 27).

Für eine Entwicklungstheorie ist entscheidend, dass Verände-rungen, die zeitlich aufeinanderfolgen, im Fokus stehen. Daraus ergeben sich drei Zielsetzungen (Miller 1993: 24): 1. „Verände-rungen innerhalb eines oder mehrerer Verhaltensbereiche und 2. Veränderungen in den Beziehungen zwischen mehreren Ver-haltensbereichen beschreiben und schließlich 3. den beschrie-benen Entwicklungsverlauf erklären" (Miller 1993: 24).

2. Entwicklungsphasen nach Sigmund Freud

Nach der psychoanalytischen Entwicklungstheorie von Sigmund Freud wird davon ausgegangen, dass das Individuum mit zwei grundlegenden Formen biologischer Energie ausgestattet ist. Diese Energien werden Lebenstrieb, Libido (auch Eros) und Todestrieb (Thanatos) genannt. Diese Energie wird psychisch auf eine spezifische Person oder ein Objekt gebündelt. Das Kind wird mit der Struktur des „ES" geboren, welches die Triebwünsche darstellt. Das „ES" motiviert das Kind, seine Triebwünsche zu befriedigen. Innerhalb der Kindesentwicklung entwickelt sich das „ICH" durch die Konfrontation mit der Realität und es müssen Kompromisse eingegangen werden (Realitätsprinzip). Im weiteren Verlauf bildet sich innerhalb des „ICH" das „ÜBER-ICH", durch den Einfluss der sozialen Umgebung. Es reguliert die Forderungen des „ES" und die Handlungsweisen des „ICH" und beinhaltet die Werte- und Moralvorstellungen sowie das Gewissen (Mönks/Knoers 1996: 19).

Mit dem Begriff der Sexualität werden von Sigmund Freud alle vom Körper verursachten Lustgefühle verstanden. Im Laufe der Kindesentwicklung treten hierbei nacheinander unterschiedliche Lebensvorgänge und Organsysteme in den Fokus (Herzka/Ferrari/Reukauf 2001: 195).

2.1. Orale Phase

Die orale Sexualität entwickelt sich nach Freud von der Geburt bis zum ersten Lebensjahr. Durch den Mund und die Lippen erfährt das Kind seine orale Triebbefriedigung (Miller 1993: 131 ff.). Nicht nur das Aufnehmen der Nahrung durch die Brust der Mutter erzeugt Lustgefühle, sondern vor allem das rhythmische Saugen an sich. Das Kind möchte in dieser Phase alle Eindrücke oral aufnehmen und führt daher alles zum Mund, um daran zu lutschen oder zu saugen (Mönks/Knoers 1996: 20). Die wichtigste Aufgabe innerhalb der oralen Phase ist die Entstehung der Bindung zur Mutter. Für die Entwicklung des Kindes ist die Mutterbindung eine grundlegende Voraussetzung, da sie das Fundament für spätere soziale Beziehungen bildet. Beim Individualisierungsprozess sucht sich das Kind andere Ersatzobjekte wie z.B. eine Kuscheldecke o.ä., um die Ablösung von der Mutter zu überwinden. Der Verlust der Mutter bzw. der Brust stellt eines der einschneidendsten Ereignisse in der frühen Kindheit dar (Miller 1993: 133 ff.).

2.2. Anale Phase

Die anale Phase findet im 2. und 3. Lebensjahr statt. In dieser Phase verschieben sich die Bedürfnisse von der oralen Zone auf den analen Bereich (Miller 1993: 135). Das Kind erhält seine Bedürfnisbefriedigung, indem es seinen Darminhalt ausstößt und zurückhält. Dabei spielt die Reaktion der Umwelt eine entscheidende Rolle, da diese Vorgänge als Urvorgänge verstanden werden und auch alle späteren Verhaltensweisen in Bezug auf Behalten oder Hergeben darauf zurückgeführt werden. Daher sind es nicht nur körperliche, sondern auch seelisch beeinflussende Vorgänge, welche zu der Entwicklung des Kindes beitragen (Herzka/Ferrari/Reukauf 2001: 195). Eine zu strenge Sauberkeitsentwicklung durch die Eltern kann negative Folgen auf die Entwicklung des Kindes haben und es werden Verhaltensweisen, wie ein übertriebener Sauberkeits- und Ordnungsdrang, auf das harte Toilettentraining zurückgeführt (Kasten 2013: 55).

2.3. Phallische Phase

Diese Phase findet im vierten bis zum sechsten Lebensjahr statt und die genitale Zone steht hier im Fokus. Die Libido zentriert sich auf das gegengeschlechtliche Elternteil und es entsteht eine Konfliktsituation (Ödipuskonflikt). Es wird sich vom gleichgeschlechtlichen Elternteil abgewandt und das gegengeschlechtliche Elternteil wird begehrt (Kasten 2013: 55 ff.). Gleichzeitig hat das Kind Angst, dass das gleichgeschlechtliche Elternteil Rache übt. Bei Jungen ist der Ödipuskonflikt heftiger ausgeprägt, als bei Mädchen (Miller 1993: 136 ff). Der Konflikt wird aufgelöst, indem das Kind seine Eifersucht auf das gleichgeschlechtliche Elternteil reduziert und sich weitergehend mit diesem identifiziert. Zudem verblasst die Begierde zum gegengeschlechtlichen Elternteil (Kasten 2013: 55 ff.). Die Identifizierung mit dem gleichgeschlechtlichen Elternteil legt den Grundstein für die Sozialisation (Miller 1993: 137).

In der phallischen Phase entsteht das ÜBER-ICH, welches das Gewissen darstellt und den Anforderungen der Eltern gerecht werden möchte, selbst in Abwesenheit dieser (Kasten 2013: 55 ff.). Durch die Identifikation wird zum einen der Konflikt gelöst, zum anderen wird zu Gunsten des ICHs die Angst reduziert. Das ES wird ebenfalls befriedigt, weil das Kind das gegengeschlechtliche Elternteil stellvertretend durch das gleichgeschlechtliche Elternteil besitzen kann (Miller 1993: 137).

2.4. Latenzphase

An die phallische Phase schließt nahtlos die Latenzphase und dauert bis zur Pubertät an. In dieser Phase ist die Sexualität für die Entwicklung und das Leben des Kindes zweitrangig (Langfeld/Nothdurft 2015: 56). Da die Sexualität nach Freud ruht, kommt auch keine weitere erogene Zone zur Bedürfnisbefriedigung hinzu. Das Kind fokussiert andere Themen, wie den Erwerb sozialer und intellektueller Fertigkeiten (Boeger 2009: 50). Kinder in dieser Phase spielen vorrangig mit gleichgeschlechtlichen Genossen. In dieser Phase fließt zwar auch nach wie vor sexuelle Energie, diese aber wird in die Errichtung einer Abwehr gegen die sexuellen Triebwünsche und in den Aufbau sozialer Beziehungen entladen. Somit können sich ICH und ÜBER-ICH weiterhin entwickeln (Miller 1993: 138).

2.5. Genitale Phase

Mit Beginn der Pubertät tritt der junge Heranwachsende in die genitale Phase ein, welche zu Aktivitäten heterosexueller Natur führt (Langfeld/Nothdurft 2015: 56). Das Ziel dieser Phase ist die erwachsene Sexualität, welches das Ziel der Reproduktion innehat. Dabei vollzieht sich die Partnerwahl nicht losgelöst von den vorherigen Entwicklungsphasen. Je nachdem, welche sozialen Muster und Einstelllungen sich aus der Kindheit entwickelt haben, wird auch der Partner und dessen Charakter gewählt. Innerhalb dieser Phase wird die ICH-Struktur gestärkt und es wird dem Individuum ermöglicht, die Anforderungen der Realität des Erwachsenseins zu bewältigen. Die Balance zwischen Liebe und Arbeit ist eine wichtige Errungenschaft dieser Epoche (Miller 1993: 138). Der reife Erwachsene wird nach Freud als liebes- und arbeitsfähig beschrieben. Er ist fähig, sexuell und emotional befriedigende Beziehungen auf Dauer einzugehen und ist in Beruf und Partnerschaft konfliktfähig (Boeger 2009: 50).

2.6 Kritische Würdigung der Theorie von Sigmund Freud

Sigmund Freud teilt die kindliche Entwicklung in seiner damals revolutionären Arbeit in verschiedene psychosexuelle Stadien bzw. Phasen der Entwicklung ein. Diese psychosexuellen Phasen der Entwicklung wurden in den Jahren nach Freud durch die Benennung vieler weiterer Fähigkeiten eines Kindes erweitert. Die Entwicklung der Gefühle, der Motorik, der Regulation der Affekte, der Wahrnehmung, der Beziehungen, der Sprache und des Selbst ist heutzutage genauso von Bedeutung für die Psychoanalyse wie die psychosexuelle Entwicklung des Kindes (Tömmel 2006: 65).

Die heutige Psychoanalyse nimmt anstelle des Triebwandels die Entwicklung der Persönlichkeit und des ICHs in den Fokus. Die Objektbeziehung, welche die Bedürfnisbefriedigung nach sozialem und physischem Kontakt meint, ist zudem von großer Bedeutung und wird vorrangig behandelt. Dabei sind die Objekte des Kindes für die Entwicklung der Unabhängigkeit und des ICH zuständig und weniger für die Befriedigung der Triebwünsche; wie beispielsweise die Zufuhr von Nahrung durch das „Objekt" Mutter. Die emotionale Nähe der Mutter ist in den frühen Phasen der Entwicklung eines Kindes hierbei besonders wichtig (Lohaus/Vierhaus 2013: 13).

3. Entwicklungsphasen nach Erik Erikson

Erikson baut auf die Theorie von Freud auf. Seine These intendiert ein lebenslanges Lernen. Während bei Freud die Lernphasen mit der Pubertät aufhören, ist Erikson der Auffassung, dass es ein immerwährender Prozess ist. Bei Erikson steht die ICH-Entwicklung im Vordergrund (Lohaus/Vierhaus 2015: 12-13).

3.1 Säuglingsalter (bis zum 1. Lebensjahr)

„Psychosoziale Krise": Urvertrauen versus Urmisstrauen
In dem ersten Entwicklungsabschnitt des Säuglings geht es bei Erikson um die Bildung von Urvertrauen in seiner Umgebung zu entwickeln. Wenn eine regelmäßige und vorhersagbare Befriedigung der Bedürfnisse des Säuglings stattfindet, kommt es zu einer positiven Entwicklung bis hin zu einem Urvertrauen. Wenn der Säugling erlebt, dass immer eine Bezugsperson da ist und sich um ihn kümmert und Liebe gibt, steht der Entwicklung des Urvertrauens in seiner Umgebung und zur Bezugsperson nichts im Wege. Kommt es jedoch nicht zur Befriedigung der Bedürfnisse entwickelt sich ein Urmisstrauen (Lohaus/Vierhaus 2015).

3.2 Frühes Kindesalter (2. bis 3. Lebensjahr)

„Psychosoziale Krise": Autonomie versus Selbstzweifel
In dieser Phase sollte die Emanzipation von der Mutter oder Bindungsperson entstehen oder eingeleitet werden. Das Kind muss sich mit dem Phänomen der Selbst- und Fremdkontrolle auseinandersetzen. Zur Erreichung von Emanzipation steht das Erlernen des Gehens, Sprechens und der Stuhlkontrolle im Vordergrund. Ebenso wichtig ist das Erlernen von Festhalten und Loslassen, also Einnehmen von Distanz und Nähe. Das Kind soll lernen, dass es ein Individuum ist. Überwiegt aber die Fremdkontrolle kommt es zu Selbstzweifeln. Also ist es wichtig, einen Ausgleich zwischen den Interessen des Kindes und der Gesellschaft anzustreben (Lohaus/Vierhaus: 2015).

3.3 Mittleres Kindesalter (4. bis 5. Lebensjahr)

„Psychosoziale Krise": Initiative versus Schuldgefühle
Das Kind erkennt die Wichtigkeit anderer Personen im Leben der Mutter und es kann eine gesunde Entwicklung der kindlichen Moral erfolgen. Bezogen auf die Theorie und Annahmen zum „Ödipuskomplex" beziehungsweise „Elektrakomplex" erkennt das Kind genitale Unterschiede, fühlt sich zu dem gegengeschlechtlichen Elternteil hingezogen und will dieses für sich alleine in Anspruch nehmen. Es kommt zur Übernahme der Normen und Werte des gleichgeschlechtlichen Elternteils, um indirekt die eigenen Wünsche zu erfüllen. In dieser Phase lernt das Kind Schuldgefühle kennen. Durch viele Fragen und das selbstständige Erforschen der Umgebung wird die Initiative gefördert, aber nur wenn das Kind dies ohne fremde Hilfe erleben und erfahren darf. Ist der Umgang mit Schuldgefühlen erlernt und die Initiative begriffen, so war das ein erfolgreiches Erleben dieser Stufe (Tücke: 1999).

3.4 Spätes Kindesalter (6. bis 12. Lebensjahr)

„Psychosoziale Krise": Kompetenz versus Minderwertigkeitsgefühl
Das Kind ist lernbegierig. Es ist, was es lernt. Erfolgreich zu sein durch Herstellen von Dingen oder das Verrichten von Aufgaben, mit dem Ziel dafür Lob und Anerkennung zu bekommen, ist das Wichtigste in dieser Entwicklungsphase. Genauso wichtig ist es, den Spieldrang des Kindes nicht zu unterdrücken. Diese Ansprüche versucht auch die Schule zu fördern. Bleibt es aus, dass das Kind sich weder in der Schule noch zu Hause durch das leisten nützlicher Dinge, die mit Belobigung einhergehen, bestätigen kann, entwickelt sich mit der Zeit ein Minderwertigkeitsgefühl. Es können Versagensängste, generelle Ängste vor bestimmten Aufgaben oder ein mangelndes Selbstbewusstsein, was das ganze Leben anhält, entstehen. Ein Kind möchte zumindest teilweise an der Welt der Erwachsenen teilnehmen, dies kann aber leicht zu Überforderungen führen, wenn es merkt, dass die Fähigkeiten noch nicht ausreichen, um das zu tun, was Erwachsene schaffen (Tücke 1999).

3.5 Adoleszenz/Identitätsbildung (12. bis 20. Lebensjahr)

„Psychosoziale Krise": Identität versus Rollendiffusion
Vertrauen, Autonomie, Initiative und Fleiß sind die Elemente aller vorrangegangenen Abschnitte, die diese Phase bestimmen. Hierzu kommen jetzt die körperlichen Veränderungen sowie neuartige Ansprüche an die Umwelt. Die ICH-Entwicklung erreicht ihren Höhepunkt. Schafft der/die Pubertierende es nicht, eine eigene Identität zu finden, kommt es zu einer Rollendiffusion, bei der man die Identität ständig verschiedene Situationen oder anderen Menschen anpasst. Solche Jugendlichen schließen sich gern Gruppen an, die über klare Strukturen verfügen. In dieser Phase kommt es zu Konflikten mit Bezugspersonen, da viele Entscheidungen der Eltern in Frage gestellt werden. Es wird versucht, einen verständnisvollen Platz unter Gleichaltrigen zu finden und das Interesse am anderen

Geschlecht entsteht. Wichtig für den Jugendlichen ist es, jetzt sein Selbstbild zu formen mit dem Wissen über sich und die Welt. Ist die Identität einer Rolle zu stark, kann es zu Intoleranz zu Menschen mit anderen Neigungen führen. Wird dieser Konflikt erfolgreich ausbalanciert, entsteht die Fähigkeit zur Treue. Unbefriedigte Identität äußert sich in Unruhe, ewige Pubertät oder in vorschnelle Begeisterung (Tücke 1999).

3.6 Frühes Erwachsenenalter (20. bis 40. Lebensjahr)

„Psychosoziale Krise": Intimität versus Isolation
Zentraler Lernbereich ist der Umgang mit Partnerschaft und Pubertät. Eine tragfeste Partnerschaft und Intimität können nur erfolgen, wenn die Identität geklärt ist, nur so ist es möglich, sich zu verlieren und sich zu finden im Anderen. Sich dem/der Partner*in zu öffnen, Intimität zu erleben und zu genießen sind das Resultat einer erfolgreichen Entwicklung. Ist die ICH-Identität noch nicht stabil ausgebildet, kommt es zur Isolierung. Wichtig ist, die Erfahrung beider Seiten zu machen. Es geht darum, ein sinnvolles Verhältnis beider Seiten zu entwickeln. In dieser Entwicklungsphase stehen Kinder ihren Eltern wieder offener gegenüber. Der/die Partner*in wird relevanter, wodurch sich der Freundschaftskreis deutlich reduziert. Erneute Veränderung des sozialen Netzwerks bringt die Geburt des eigenen Kindes (Tücke 1999).

3.7 Mittleres Erwachsenenalter (40. bis 65. Lebensjahr)

„Psychosoziale Krise": Generativität versus Stagnation
Diese Phase ist geprägt vom Bedürfnis, Werte zu schaffen, weiterzugeben und abzusichern. Die Liebe in die Zukunft tragen, sei es als Eltern oder in anderer Form sowie das Erziehen der nächsten Generation, beschreibt am besten diese Phase. Dazu zählt genauso das Unterrichten, die Künste, die Wissenschaft und soziales Engagement. Stagnation oder Selbst-Absorption

bezeichnet das Gegenteil, also das kümmern nur um sich selbst. Dies führt dazu, dass es zu persönlicher Ablehnung kommen kann oder es an positiver Selbstwahrnehmung mangelt oder zu viel Selbstbezogenheit entsteht. Andersherum kann auch zu viel Generativität dazu führen, sich zum Wohle anderer zu vernachlässigen. Da nicht alle Erwachsenen Kinder haben und somit eine zentrale Aufgabe offenbar entfällt, ist es wichtig, sich dennoch mit dieser Thematik auseinanderzusetzen oder dass gegebenenfalls eine Ersatztätigkeit stattfinden muss, die mit einer Fürsorge für Kinder verbunden ist. Dieser Prozess wird auch als Triangulation bezeichnet. Erlangt man die Fähigkeit zur Fürsorge, ohne sich selbst zu vernachlässigen, wurde die Phase erfolgreich abgeschlossen. Negative Fixierungen zeigen sich in übermäßiger Bemutterung, Leere, Langeweile oder in zwischenmenschlicher Verarmung (Tücke 1999).

3.8 Höheres Erwachsenenalter (ab 65. Lebensjahr)

„Psychosoziale Krise": ICH-Integrität versus Verzweiflung

Zurückblicken, anzunehmen, was getan wurde oder was „Ich" geworden bin, sind Bestandteile des letzten Lebensabschnittes. Hat der Mensch, das Individuum, das Gefühl, er müsse noch einmal Leben, um etwas besser zu machen oder generell die Angst vor dem Tod, kann dies zu innerer Verzweiflung führen. Verzweiflung bei der Auseinandersetzung mit Tod und Sterben zu spüren, ist dennoch ein wichtiger Bestandteil des Lebens in diesem Abschnitt, sonst könnte Verachtung und Anmaßung im Hinblick auf das eigene Leben entstehen. Weisheit heißt der Erfolg dieser Phase, ohne Furcht dem Tod entgegensehen, auf Fehler und Glück zurücksehen, ohne Kritik zu äußern. Unbewusste Todesfurcht sowie der Abscheu vor sich und anderen Menschen, sind der negative Ausgang dieser Phase (Tücke 1999).

4. Kritische Würdigung Erik Erikson

Eriksons Theorie der Lebensspanne wird immer noch als eine durchaus nutzbare und aktuelle entwicklungspsychologische Theorie verstanden. Wesentliche Kritikpunkte an der bestehenden Theorie sind die zu starke westlich-kulturelle Ausrichtung, die fehlende Auseinandersetzung mit Geschlechterrollen und eine zu starke Ausrichtung auf Umweltfaktoren. (Noack, 2010, ULR: https://studlib.de/1148/padagogik/kritik_identitatskonzept_erik_erikson). Erikson verfolgt die Linie Freuds und hat diese auf die ganze Lebenspanne ausgedehnt. Außerdem wird dem Konzept eine zu starre Enge bezüglich der einzelnen Lebensphasen zugeschrieben. Nur bei erfolgreichem Bestehen einer Phase kann die nächste gut bewältigt werden. Dem stehen neuerer Konzepte alltäglicher Identitätsarbeit entgegen. Die Theorie von Erikson muss also auf heutige Erkenntnisse und Bedingungen angepasst werden.

5. Jugendkultur

In der Jugendhilfe ist das Wissen über die Jugendkultur von besonderer Relevanz, um auf die einzelnen Individuen, welche in einer stationären Einrichtung leben, einzugehen und eine bestmögliche Entwicklung gewährleisten zu können.

„Jugendkulturen befriedigen das Bedürfnis nach temporären Beziehungsnetzwerken, sie bringen Ordnung und Orientierung in die überbordende Flut neuer Erlebniswelten und füllen als Sozialisationsinstanzen das Vakuum an Normen, Regeln und Moralvorräten aus, dass die zunehmend unverbindlichere, entgrenzte und individualisierte Gesamtgesellschaft hinterlässt" (Stangl 2018). Im Folgenden werden die Grundlagen des Jugendbegriffs definiert. Weitergehend wird das Phänomen der Peergroup beleuchtet.

Hierbei wird unterteilt zwischen: Babys, Kinder, Jugendliche, erwachsene Menschen und Senioren. Dabei sind Jugendliche noch mitten im Prozess ihrer Entwicklung und haben noch nicht die Vernunft eines Erwachsenen erreicht. Die verschiedenen Veränderungen der Hormone und des Körpers im Jugendalter führen oft zu psychischen Verwirrungen. In der Pubertät beschäftigen sich die Jugendlichen viel mit sich selbst, ihren sexuellen Bedürfnissen und Gefühlen. Resultierend daraus neigen Mädchen dazu, zickig zu werden und Jungen zu aggressivem Verhalten (Scherr 2009: 15).

Nach Hurrelmanns Definition wird die Jugendphase als „Zeitspanne der Biografie" (Langer 2010: 11) beschrieben. Die Jugendphase ist somit nicht nur die körperliche Entwicklung, sondern meint auch soziale, wirtschaftliche, kulturelle und ökologische Aspekte, welche beeinflussend wirken. Alles zusammen bestimmt dann Profil und Ausdehnung dieses Abschnitts im Leben (Hurrelmann/Quenzel 2016: 9).

Die übergeordnete Aufgabe der Jugend ist es, durch die Entwicklung einer persönlichen Identität, die Einordnung in die gesellschaftliche Welt der Erwachsenen zu schaffen und somit eine erfolgreiche Sozialisation zu erreichen (Langer 2010: 11).

5.2 Peergroup

Als Peergroup bezeichnet man Gruppen ähnlichen Alters, die ein freundschaftliches Beziehungsverhältnis verbindet, umgangssprachlich auch als Clique umschrieben. Peergroups sind weniger geprägt durch die Gleichaltrigkeit ihrer Mitglieder, vielmehr durch das Prinzip der Gleichrangigkeit. Dies bedeutet, die Mitglieder unterscheiden sich nicht sehr von ihrem Wissen, Können und Entscheidungsbefugnissen. Besonders Kinder und Jugendliche schließen sich häufig Gruppen ähnlichen Alters zur

Orientierung an. Sie werden dann meist durch Ansichten von Personen der Gruppe geprägt, anstatt von den eigenen Eltern. Peergroups dienen dadurch auch unter anderem der Emanzipation des Elternhauses.

Die Jugendlichen benutzen ihre Gruppe als Spielfeld, können eigene Grenzen testen, Umgang mit anderen zu lernen und das in einem für sie geschütztem Umfeld. Die Gefahr ist auch, dass Peergroups zu Gewalthandlungen, Drogenkonsum und Risikoverhalten durch Aufnahmerituale veranlassen. Gefährdet sind besonders weniger selbstbewusste Jugendliche. Hier kommen die Streetworker*innen zum Einsatz, die durch Prävention erzieherisch und kontrolliert gegenwirken wollen. Viele Eltern denken, ihr Kind verbringt die Zeit sinnlos und es gäbe Wichtigeres als sich mit Freunden zu treffen und Konflikte entstehen. Tatsächlich gesehen übernehmen diese Gruppen eine wichtige Funktion in der Unterstützung der Orientierung. Ob es also um Kinder geht, die eher Spielkameraden suchen oder um Jugendliche, die engere Bande knüpfen, alle Gruppen haben wichtige Aspekte für die Entwicklung (Stangl 2018).

6. Fazit

Das Spektrum von „normaler" Entwicklung kann sehr breit angesehen werden. Bei Betrachtung aller Entwicklungsphasen und deren beeinflussbaren Faktoren lässt sich für jeden Außenstehenden erkennen, dass es fast unmöglich ist, in jeder Phase als Elternteil keine „Fehler" zu machen. Jede*r versucht nach bestem Wissen alles für sein Kind zu tun, sei es aufgrund des selbst erlernten oder anerzogenen.

In jedem Lebensabschnitt ist es dennoch immer möglich, Fehler wieder zu korrigieren, zu entschärfen oder in etwas Positives umzuwandeln. Selbst als Erwachsener kann man aus einer schlechten Kindheit heraus ein glückliches, zufriedenes Leben führen. Dahingehend ist es sehr schwierig einzuschätzen, wann man in einen Entwicklungsprozess eingreifen sollte, um nicht korrigierbare Störungen zu vermeiden.

Interviewbezogenes Fazit

Die Auswertung der Interviews in der Kategorie Entwicklungsstufen/Jugendkultur ergab folgende Ergebnisse: Die befragten Kinder und Jugendlichen haben oftmals physische oder psychische Gewalterfahrungen im frühen Kindesalter erleben müssen, welche zu einer unsicheren Eltern-Kind-Bindung führten. Dennoch gaben viele der Kinder und Jugendlichen an, dass sie den Kontakt zu den leiblichen Eltern aufrechterhalten und teilweise auch viele der Verhaltensweisen, die sie als nachvollzielbar empfinden oder zumindest Empathie für spezifische Handlungen aufweisen können. Vereinzelnd wurde auch Mitleid für Elternteile ausgesprochen. Das Verhältnis zur Familie ist oftmals von Streitigkeiten oder Meinungsverschiedenheiten geprägt. Um dennoch emotionale Nähe zu erfahren, haben viele Kinder und Jugendliche enge Beziehungen zu ihren Betreuern aufbauen können. Eine Jugendliche gab an, dass ihre Bezugsbetreuerin für sie einen Mutterersatz darstellt.

Des Weiteren sind Freundschaften für die Interviewten wichtig und sie erachten Ehrlichkeit und Vertrauen als Voraussetzung dafür. Es sind gelegentlich Peergroups aufgegeben und durch neue ersetzt worden, wenn persönliche Erwartungen nicht erfüllt wurden. Zudem haben viele Kinder und Jugendliche mitgeteilt, dass sie zu gewissen Uhrzeiten zu Hause sein müssen, was wiederum den Erhalt der Freundschaften zunehmend erschwert. Es ist davon auszugehen, dass es oftmals keine altersentsprechenden bzw. altersangepassten Strukturen und Regeln innerhalb der Einrichtungen gibt, sondern eine Verallgemeinheitlichung dieser vorherrscht. Ebenso wurde erwähnt, dass manche Kinder und Jugendliche sich nicht ausreichend unterstützt fühlen und auf Bedürfnisse nicht vollumfänglich eingegangen wurde oder auch Wünsche keine Beachtung fanden. Daraus lässt sich vermuten, dass die Persönlichkeitsentwicklung sowie Identitätsbildung von den Betreuer*innen nur nachrangig beachtet werden.

Bei der Freizeitgestaltung werden Freundschaften als wichtig erachtet, um neue Erfahrungen zu sammeln. Diese können beispielsweise auch Alkoholkonsum oder die erste Zigarette beinhalten. Im Allgemeinen können die Kinder und Jugendlichen mit ihrer Wohngruppe positive Erlebnisse verbinden und bevorzugen das Leben dort, da sie mehr Struktur und Kontrolle über ihr Leben erlernen. Im generellen Hinblick ist zu erkennen, dass Kinder und Jugendliche in der stationären Jugendhilfe positive Erfahrungen sammeln konnten und das Leben dort als Bereicherung wahrnehmen.

Weitergehend wurde festgestellt, dass aus der Perspektive der Interviewten die Strukturen und Regeln innerhalb mancher Einrichtungen als einschränkend und nicht nachvollziehbar wahrgenommen werden. Innerhalb familienanaloger Wohngruppen leben Kinder und Jugendliche verschiedenen Alters miteinander. Daher sollte auf eine altersgerechte Entwicklung der Individuen geachtet werden. Vor dem Hintergrund der Erkenntnisse dieser Arbeit könnte im Rahmen einer umfangreicheren Forschung genau auf diesen Punkt eingegangen werden.

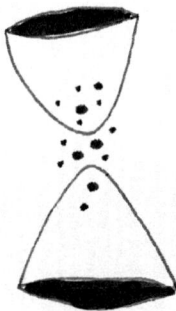

(...) Jetzt ist es halt viel schöner.
Meine Jugend zu erleben und all sowas.
Und ja, trotzdem will ich wieder
irgendwann zu Mama, wenns der
richtige Zeitpunkt ist (...)

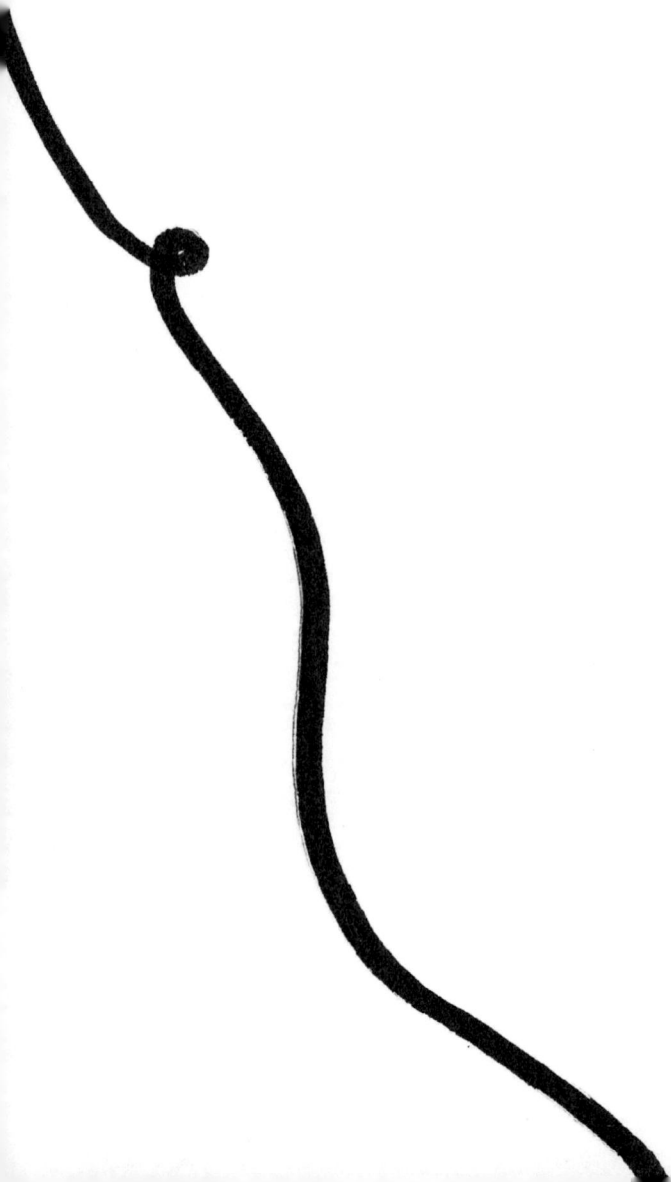

VI.
Beziehungen

Christian Gabler & Dorothea Kühn

1. Einführung

„Für fast jeden von uns bilden Beziehungen zu anderen Menschen den wichtigsten Teil unseres Lebens" (Hinde 1993: 7). Menschen sind auf Beziehungen angewiesen, sie sind ohne sie nicht lebensfähig. Dies zeigte bereits ein Experiment von Friedrich II. aus dem 13. Jahrhundert. Er hatte hierfür zwei Gruppen von Säuglingen. Die erste Gruppe bekam nur Essen und saubere Windeln, aber keine Zuneigung und es wurde auch nicht mit den Säuglingen gesprochen. Um die zweite Gruppe wurde sich liebevoll und fürsorglich gekümmert. Das Experiment resultierte im Tod aller Säuglinge der ersten Gruppe. Ob er dieses Experiment tatsächlich durchführen lassen hat, ist jedoch umstritten.

Aus heutiger Sicht ist dieses Experiment sowohl moralisch als auch ethisch betrachtet illegitim. Doch zur Zeit Friedrichs II. befand sich die Wissenschaft in ihren Anfängen und in einer Zeit des Umdenkens.

Trotz der aus der heutigen Sicht Illegitimität des Experiments zeigt es, dass Beziehungen für den Menschen wichtig sind, denn durch sie kann er mit seiner Umwelt in Kontakt treten und interagieren. Auch in der stationären Jugendhilfe hat das Thema Beziehung im Alltag einen hohen Stellenwert. Sie ist das Grundgerüst für professionelles sozialpädagogisches Arbeiten.

2. Rechtliche Grundlagen

Im §1 SGB VIII, Absatz 1 ist verankert, dass jeder Mensch ein Recht auf Erziehung hat. Die Jugendhilfe muss demnach den Menschen in seiner Entwicklung fördern und ihn zu einer eigenverantwortlichen und gemeinschaftsfähigen Persönlichkeit heranwachsen lassen. Damit der Mensch in einer Gemeinschaft leben kann, muss er in Interaktion (Beziehung) mit anderen gehen. Im Absatz 3 (1) des gleichen § ist vor allem die individuelle und soziale Entwicklung der Adressat*innen Hauptschwerpunkt in der Kinder- und Jugendhilfe (§1 SGB VIII).

3. Beeinflussende Faktoren

Zu Faktoren, die die Entwicklung von Kindern und Jugendlichen beeinflussen und somit auch die Fähigkeit mit anderen Menschen in Beziehung zu gehen, gehören unter anderem das Bindungsverhalten, eventuell erfahrene Traumata und der professionelle Umgang der Fachkräfte mit diesen Themen sowie den daraus resultierenden Problemen. Im Folgenden wird auf diese drei Punkte näher eingegangen.

3.1 Bindungstheorie

In der Entwicklungspsychologie nach John Bowlby haben Menschen ein angeborenes Bedürfnis, Beziehungen mit anderen Individuen einzugehen. Bei der Geburt treten Mutter und Kind in Interaktion. Diese Interaktion wird nach John Bowlby als Bindungsverhalten beschrieben und wie folgt dargestellt:

„Während der Säugling die Kommunikationen weitgehend autonom einleitet und beendet, stimmt sich die sensible Mutter auf ihr Kind ein" (Bolwby 2010: 16).

Diese erste emotionale Bindung entsteht im Verlauf des ersten Lebensjahres und entwickelt sich größtenteils durch positive Bedürfnisbefriedigung und markiertes kongruentes Spiegeln der Affekte des Säuglings. Dabei ist sie der Grundstein für weitere Bindungen und für eine gesunde Entwicklung. Nach Klaus E. Grossmann und Karin Grossmann nimmt auch der Vater eine wesentliche Rolle beim Aufbau einer emotionalen Bindung sowie exploratives Verhalten ein (Grossmann/Grossmann 2003). Die Eltern sind die ersten Bindungspersonen und geben dem Kind im besten Fall ein Gefühl von Sicherheit, Wärme und Geborgenheit. Daraus resultiert ein aktives exploratives Verhalten des Kindes mit der fremden Umgebung. Hierbei sprechen wir auch von Bindungsqualität, die durch den „Fremde-Situation-Test" von Mary Ainsworth überprüfbar gemacht wurde (Grossmann/Grossmann 2012).

Der Test gibt Aufschluss über die Qualität der Beziehung zwischen der/den Bezugsperson/en und dem Kind. Diese Qualität beeinflusst nach Mary Ainsworth das Bindungsverhalten des Kleinkindes und lässt sich in vier verschiedene Bindungstypen gliedern: sichere Bindung, unsicher vermeidende Bindung, unsicher ambivalente Bindung und desorganisierte/desorientierte Bindung (Stangl 2019).

Die verschieden Bindungstypen beeinflussen auf unterschiedliche Art und Weise die Beziehungsarbeit mit den jeweiligen Klienten, im Folgenden auf den stationären Kinder- und Jugendhilfekontext bezogen. So lässt sich ein sicher gebundenes Kind nur schwer oder gar nicht von fremden Personen trösten oder beruhigen. Dies ist bei einer Fremdunterbringung dieses Kindes ein mögliches Hindernis. Ein Kind, das unsicher vermeidend gebunden ist, hat äußerlich keine ersichtlichen Schwierigkeiten, um eine fremde Person als Ersatz für die Bindungsperson zu akzeptieren und diese zu verabschieden. Es ist allerdings emotional sehr aufgewühlt. Diese Akzeptanz von fremden Personen ist im stationären Kinder- und Jugendhilfekontext hilfreich, doch erschwert es die Elternarbeit. Durch die gute Annahme der Fachkräfte als Ersatz der Bezugsperson kann sich bei den Eltern Eifersucht entwickeln. Die Eltern haben das Gefühl mit den Fachkräften zu konkurrieren. Diese Konkurrenz wird dadurch gestärkt, dass die Kinder dazu neigen den körperlichen Kontakt zu ihren Bezugspersonen zu verweigern, da sie aufgrund der Zurückweisung, die sie bis dahin bereits erfahren haben, meist keine Bindung zulassen wollen und/oder können. Kinder, die unsicher ambivalent gebunden sind, zeigen auf der einen Seite Aufregung und Anspannung, wenn die Bezugsperson geht. Auf der anderen Seite zeigen sie aber Angst und Wut, wenn die Bezugsperson versucht, sie zu trösten oder zu beruhigen. Dies kann die Beziehungsarbeit behindern, da es schwer werden kann, zu diesem Kind eine Bindung aufzubauen. Kinder, die desorganisiert/desorientiert gebunden sind, zeigen sehr auffällig in sich widersprüchliche Verhaltensweisen gegenüber ihrer Bindungsperson (Stangl 2019).

Kritik an der Bindungstheorie
Bei der Bindungstheorie nach John Bowlby und Mary Ainsworth liegt der Fokus der Bindung auf der Mutter-Kind-Beziehung. Dieser ist mit dem aktuellen Gesellschaftsbild nicht mehr vereinbar. Kinder wachsen unter vielfältigen Bildern von Familie auf. Es gibt neben der „klassischen" Mutter-Vater-Kind-Familie alleinerziehende Väter, gleichgeschlechtliche Partnerschaften mit Kindern oder Patchworkfamilien. Die primäre Bindungsperson kann auch die nicht-leibliche Mutter oder der nicht-leibliche Vater werden.

Ein Kritikpunkt des Testes die „fremde Situation" von Mary Ainsworth ist, dass die Untersuchung des Bindungsverhaltens der Kinder in Laboren und nicht in ihrer natürlichen Umgebung stattfindet.

Ein weiterer Kritikpunkt ist der Zusammenhang zwischen der Bindung und Entwicklung des Kindes. Die Kauai-Studie 1 zur Resilienzforschung von Emmy Werner zeigte auf, dass eine stabile Beziehung zu einem Erwachsenen außerhalb der Familie, trotz nicht gelungener Mutter-Kind-Bindung, für Unverletzlichkeit und späteren Erfolg im Leben sorgte. Trotz der genannten Kritikpunkte ist diese Bindungstheorie eine feste Grundlage der Bindungsforschung (Baumann/Hochgürtel/Sommer 2018).

3.2 Trauma

„Trauma kann nach G. Fischer und P. Riedesser definiert werden als ein ‚vitales Diskrepanzerlebnis‘, ausgelöst durch ein Ereignis, das die Bewältigungsmöglichkeiten Betroffener bei Weitem überschreitet und Ohnmacht, Kontrollverlust, Entsetzen und [...] Angst auslöst. Das Ausmaß der Traumatisierung ist abhängig von Art, Umständen und Dauer des Ereignisses, vom Entwicklungsstand des Opfers und von vorhandenen Schutz- und Risikofaktoren. Einmalige traumatische Erfahrungen (sog. Typ I-Traumata) haben daher andere Auswirkungen als wiederholte bzw. anhaltende (Typ II-Traumata). Auch das ‚Mit-Erleben‘ [...] kann traumatisierend wirken.

Besonders gravierend sind frühe und anhaltende, im sozialen Nahraum bzw. von Fürsorgepersonen verursachte Traumatisierungen durch physische, sexuelle oder psychische [...] Gewalt und Vernachlässigung. Das Gefühl von Sicherheit und Geborgenheit in der Welt, das sich über die ersten Bindungsbeziehungen herstellt, wird grundlegend erschüttert. Die Traumatisierung beeinflusst die gerade erst entstehende [...] Persönlichkeit entscheidend in ihrer Entwicklung. Neben sozialen, psychischen und psychosomatischen Auffälligkeiten lässt sich dies auch hirnphysiologisch nachweisen. Die Wahrnehmung fokussiert hauptsächlich auf ‚traumarelevante‘ Reize. Traumatische Erfahrungen können daher zu Belastungsreaktionen und posttraumatischen Belastungsstörungen führen, die v.a. durch unfreiwilliges Wiedererleben, nachhaltiges Vermeidungsverhalten und erhöhte Erregung gekennzeichnet sind.

Aber auch bei vielen anderen Störungen [...] finden sich in der Lebensgeschichte Betroffener vermehrt traumatische Erfahrungen" (Mulot/Schmitt 2017: 916).

Eine sichere Bindung wirkt sich auf das Bindungsverhalten und einer gesunden Bindungsentwicklung aus. Die Eltern können sich feinfühlig in der Interaktion mit dem Säugling auf dessen Verhalten einstellen (Britsch 2003). Bedürfnisse/Signale des Säuglings werden von den Eltern erkannt, kommuniziert und zufriedengestellt. Der Säugling nimmt die Handlungen und die Stimulierung von Bedürfnissen der Eltern wahr. Bei einer optimalen Interaktion kann eine sichere und emotionale Bindung zum Säugling aufgebaut werden, die wiederum als Schutzfaktor in seiner weiteren Entwicklung gesehen wird. Bei Trennung, Angst oder Gefahr greift das Kind auf diese Bindung/Beziehung zurück.

Das sind wichtige Punkte, um das Thema Trauma in der kindlichen Entwicklung bei einer desorganisierten Bindung aufzugreifen. Wenn jemand selbst keine sichere Bindung erfahren hat, ist die Anfälligkeit für eine instabile Bindungssicherheit höher. Das innere Arbeitsmodell von Bindungen solcher Eltern, die ein Trauma erlitten haben, wirkt sich dabei auf das Vermitteln eines sicheren Bindungsgefühls des Säuglings aus. Karl Heinz Britsch bezieht sich hierbei auf Traumaerfahrung im Gewaltkontext, sodass Eltern Vermeidungsstrategien wie beispielsweise Ohnmacht, Angst oder Desorientierung in Bezug auf entsprechende Themen anwenden.

„Der Säugling macht daher in der Beziehung zu seiner Bindungsperson keine konstante verlässliche Erfahrung von emotionaler Sicherheit, weil Eltern ihrem Säugling kein Gefühl vom sicheren emotionalen Hafen vermitteln können" (Britsch 2003: 108).

Das Kind zeigt widersprüchliche Verhaltensweisen beim Beziehungsaufbau mit anderen Personen auf. Ein weitaus entscheidender Aspekt sind die traumatischen Erfahrungen, die über einen längeren Zeitraum gemacht werden, die dann nicht nur zu einer desorganisierten Bindung, sondern zur Bindungsstörung führen. Das innere Arbeitsmodell erleidet tiefgreifende Folgen. Schwerwiegende Traumatische Erfahrungen können Verluste zu Bindungspersonen, Trennung von Personen oder auch das Erleben von sexueller oder körperlicher Gewalt sein (Britsch 2003). „Traumatische Erfahrungen zerstören die Bindungssicherheit und wirken sich besonders zerstörerisch auf die gesunde psychische Entwicklung aus" (Britsch 2003: 114).

Den Kindern wird es schwerfallen, Beziehung zu anderen Menschen zu knüpfen, weil sie keine Bindungssicherheit erfahren haben oder das innere Arbeitsmodell nicht ausreicht, um Beziehung zu schließen oder aufrecht zu halten.

Die Vorschädigungen eines Kindes durch traumatische Erfahrungen können selbst bei Herausnahme aus der Familie und Unterbringung das ganze Leben bestehen bleiben. Fachkräfte, die in solchen Unterbringungen professionelle Beziehungsarbeit leisten, müssen meist ein neues Arbeitsmodell entwickeln. Das Trauma und die resultierende Verhaltensstörung können durch engmaschige Betreuung, Aufbau neuer Bindungspersonen, Struktur und Sicherheit zum Abbau der unerwünschten Verhaltensstörung führen.

3.3 Professionelle Beziehungsarbeit

„Die Qualität der professionellen Beziehungsarbeit/Beziehungsgestaltung wird zunehmend als wesentliche Grundlage von Veränderungsprozessen in der Sozialen Arbeit mit Einzelnen, Paaren, Familien und Gruppen angesehen. Darunter versteht man die zwischen Klient*in und Sozialarbeiter*in bzw. Sozialpädagog*in in einem Hilfeprozess ablaufenden Beziehungsinteraktionen – jedoch unter Berücksichtigung des [...] sozialen Umfeldes" (Mulot/Schmitt 2017: 119).

Die Förderung der individuellen und sozialen Entwicklung sind im §1 SGB VIII fest verankert. Somit ist die Beziehungsarbeit ein fundamentales Ziel der Kinder- und Jugendhilfe. Um professionelle Beziehungsarbeit leisten zu können muss ein Auftrag vom Staat gegeben sein. Der/die professionelle Sozialarbeiter*in kann nur unter diesem Schwerpunkt professionelle Beziehungsarbeit leisten. Der Auftrag kann durch die Personensorgeberechtigten durch §27 SGB VIII (weiterführend im Rahmen der stationären Unterbringung §34 SGB VIII) oder durch das Familiengericht (§8a SGB VIII), wenn nach §1666 Tatbestand der Kindeswohlgefährdung vorliegt, veranlasst werden. Der Aspekt der Unterbringung ist ein wesentliches Merkmal der professionellen Beziehungsarbeit. Die Beziehung des hilfesuchenden Menschen und des Staates/der Institution, die als Vertretung ein/e Sozialarbeiter*in einsetzt, sorgt für Professionalität.

Das Merkmal des Rollenverhältnisses lässt sich aus diesem Vertrag/Arbeitsbündnis ableiten. Der/die Sozialarbeiter*in hat einen institutionellen Rahmen, in dem er/sie sich bewegt und gleichzeitig methodisches Handeln als Grundlage nutzt. Dabei weist der/die Sozialarbeiter*in eine gewisse Machtressource in Form von Wissen auf, die gegenüber dem hilfesuchenden Menschen (Notlage) ein Ungleichgewicht in der Beziehung erzeugt (Arnold 2009).

Für die professionelle Beziehungsarbeit spricht eine begrenzte Dauer in der Arbeit zwischen dem Klienten und der/die Fachkraft. Die Dauer ist hierbei gekennzeichnet durch die Erfüllung der Ziele im Hilfeprozess (Hilfeplan) oder der Finanzierung der Hilfe durch den Staat. Durch die Finanzierung der Hilfe/Schutzauftrag im Kontext der stationären Jugendhilfe treten der/die Sozialarbeiter*in und das Kind oder der/die Jugendliche in Interaktion.

Durch den Auftrag ergibt sich eine bewusst gestaltete Beziehungsarbeit, welche für eine Professionalität spricht (Arnold 2009).

Die professionelle Beziehungsarbeit beschreibt ein Abhängigkeitsverhältnis zwischen beiden Interaktionspartnern, der/die Sozialarbeiter*in und dem Kind/Jugendlichen. Innerhalb dieses Verhältnisses durchlaufen sie drei einzelne Phasen:
Die Phase des Beziehungsaufbaus, die Phase der Auseinandersetzung mit einem gemeinsamen Thema und die Phase der Ablösung (Arnold 2009).

Diese professionelle Beziehung ist durch ein Gleichgewicht von Nähe und Distanz gekennzeichnet. Jedoch ist eine professionelle Beziehung immer auch eine persönliche Beziehung. Deswegen muss auch eine ständig reflektierende Haltung der Sozialarbeiterin bzw. des Sozialarbeiters in Bezug auf die Beziehung zum Kind/Jugendlichen gegeben sein. Wichtige Punkte bei der professionellen Beziehungsarbeit sind eine gewisse Nachhaltigkeit der Hilfe und die Vorbereitung auf die Zeit nach der Hilfe. Ein weiterer Eckpfeiler für die Arbeit in der stationären Jugendhilfe ist die professionelle Beziehungsarbeit. Diese kann zu einer gelingenden Hilfe beitragen.

4. Konzepte

In den stationären Hilfen zur Erziehung gibt es verschiedene Konzepte zur Beziehungsarbeit. Im Folgenden wird auf zwei ausgewählte Pläne näher eingegangen. Das Konzept der Familienergänzung und -ersetzung sowie auf das Bezugserziehersystem.

4.1 Ersatz- und Ergänzungsfamilienkonzept

Nach Nienstedt und Westermann, welche Vertreter des Ersatzfamilienkonzeptes sind, sollen Kinder und Jugendliche, in Fällen der Fremdunterbringung in Vollzeitpflege, auch in diesen Einrichtungen auf Dauer bleiben. Sie fordern einen klaren Kontaktabbruch zwischen Herkunftsfamilie und der Einrichtung sowie dem Kind/Jugendlichen bzw. das der Kontakt auf ein Minimum reduziert wird (Faltermeier 2001). Dem Kind/Jugendlichen soll ein „Recht auf einen Neuanfang" (Nienstedt/Westermann 1980: 312) gegeben werden.

„Dem Ersatzfamilien-Konzept gegenüber steht das Konzept der so genannten „Ergänzungs-Familie" (Faltermeier 2001: 31). Nach diesem Konzept sollen Herkunftseltern und Betreuer*innen und/oder Pflegeeltern in gewissem Maße zusammenarbeiten. Die bisherigen Bindungen des Kindes/Jugendlichen zur Herkunftsfamilie sollen von allen am Prozess beteiligten Personen anerkannt werden. Die Familie des Kindes/Jugendlichen wird als offenes System gesehen, in dem es keine Stigmatisierung oder Schuldzuweisungen gibt (Faltermeier 2001).

Heutzutage findet das Konzept der Ergänzungsfamilie häufiger Anwendung. Dies liegt möglicherweise auch an der immer öfter geforderten Elternarbeit und dem Ziel der Rückführung in die Herkunftsfamilien.

Das Bezugserziehersystem wird häufig in der Sozialen Arbeit angewandt. Hierbei sprechen wir von einer Bezugsperson (Erzieher*in, Sozialarbeiter*in), die für eine Großgruppe, Kleingruppe oder eine Person zuständig ist. Im Rahmen der stationären Jugendhilfe fällt die Form der Kleingruppe oder 1x1-Betreuung je nach Betreuungsschwerpunkt der Einrichtung an. Dabei fällt oft der Begriff der Bezugsbetreuung, der nach Schroll wie folgt definiert wird:

„Bezugsbetreuung stellt ein organisatorisches und pädagogisches Konzept dar, das die größtmögliche individuelle Betreuung und Versorgung von hilfebedürftigen Menschen im Kontext einer Hilfestruktur (Einrichtung, Organisation o.ä.) durch die Bündelung von Zuständigkeit und Verantwortung sowie durch die Schaffung einer individuellen, professionellen und tragfähigen Beziehung ermöglicht" (Schroll 2007: 18).

Der Bezugserzieher baut eine Vertrauensbasis (Bindung/Beziehung) zu dem hilfebedürftigen Menschen auf, die durch gegenseitige Akzeptanz geprägt wird. Ziele des Bezugserziehersystems sind unter anderem die Gestaltung positiver Kommunikations- und Bindungserfahrungen sowie eine Kontinuität in der Beziehung zu dem/der Klient*in. In einigen Einrichtungen werden den Klienten*innen die Bezugsbetreuer zugeteilt, in anderen können sie ihre Bezugspersonen wählen. Oftmals werden Vertretungsbetreuer*innen eingesetzt. Dieser/diese Bezugserzieher*in soll den Menschen als ein Wegbegleiter in seiner Entwicklung unterstützen.

Die Kontinuität der Betreuung lässt sich im Alltag der stationären Einrichtungen nur schwer aufrechterhalten, da die Fachkräfte an die Regelungen des Arbeitszeitgesetzes (ArbZG) gebunden sind. Das führt zu Einrichtungen mit Halbtagesbetreuungen oder Schichtmodellen bei 24-Stunden-Betreuung. Das heißt für die zu betreuenden Kinder/Jugendlichen: wechselndes Personal innerhalb des Betreuungszeitraums. Das Problem dabei ist, das sich bei einem Personalwechsel eventuelle Konflikte nicht gänzlich oder endgültig klären lassen und auch die kontinuierliche Beziehungsarbeit unterbrochen wird. Als weiteres Problem für die Kontinuität und Aufrechterhaltung der Beziehungen kommen krankheitsbedingte Ausfälle, Urlaubsansprüche und Überlastungen durch den Mangel an Fachkräften hinzu. Somit kommt es zu einer hohen Fluktuation von Mitarbeiter*innen.

Bei der Bezugsbetreuung bauen die Betreuer*innen eine Beziehung zu den Kindern/Jugendlichen kontinuierlich durch den engen Kontakt zwischen ihnen auf. Diese kontinuierliche Beziehungsarbeit unterscheidet sich sehr stark von der professionellen Beziehungsarbeit. Besonders das Abschotten der Eltern entspricht aus heutiger Sicht nicht dem Ansatz der Rückführung in die Familie.

5. Fazit

„Beziehungen sind die Grundlage dafür, da[ss] ein Kind überhaupt von einem Erwachsenen ohne zu große Frustrationen erzogen werden kann und nicht nur zu Unterwerfung und Gehorsam gezwungen ist" (Nienstedt/Westermann 1992: 48). Beziehungen braucht jeder, um in Kontakt mit seiner Umwelt zu treten. Es ist ein wichtiger Bestandteil, damit eine Hilfe gelingt. Ohne vertrauensvolle und stabile Beziehungen zu den Adressaten*innen lässt es sich nur schwer oder gar nicht mit ihnen arbeiten und somit kann auch die Hilfe nicht gelingen. Die Hilfe würde scheitern oder es würden maximal nur Teilziele erreicht werden. Somit ist der Beziehungsaufbau und die stetige und konstante Beziehungsarbeit ausschlaggebend für eine gelingende Hilfe.

Interviewbezogenes Fazit

Bei der Auswertung der Interviews waren folgende Punkte besonders auffällig: Zum einen war das die Beziehung zu einem/einer Bezugserzieher*in. Viele der Interviewten nannten ihre Betreuer*innen als ihnen wichtige Personen. Auch spielen für die Adressaten*innen die Beziehungen zu ihren Freunden, also ihrer Peergroup, eine besonders wichtige Rolle – sowohl die aus ihrem Herkunftsmilieu als auch die neu gefundenen Freunde seit der Unterbringung. Weiter sind für die Kinder und Jugendlichen ihre Herkunftsfamilie und der Kontakt mit ihr sehr von großer Bedeutung.

Dies zeigt, wie wichtig Beziehungen sind und dass sie ausschlaggebend in der Kinder- und Jugendhilfe sind und sein können. Somit lässt sich sagen, dass Beziehung ein wichtiger Faktor dafür ist, ob eine Hilfe gelingt oder scheitert.

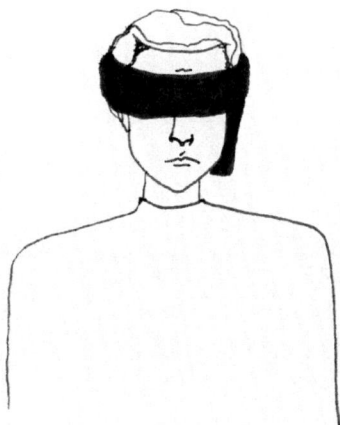

„(...) Ich wünschte ich kennte
meinen Vater nicht (...)"

Fazit

Matthias Schreckenbach
& Gregor Mosblech

Die Studierenden-Gruppe der FH Potsdam hat sich im Rahmen eines Real-Labors die Frage gestellt, welche Gelingensfaktoren zu identifizieren sind, um nachhaltig von einer wirksamen Hilfe zur Erziehung, insbesondere einer stationären Hilfe, sprechen zu können. Wesentlich dabei war es für die Studierenden, sich einerseits mit inhaltlichen und theoretischen Faktoren zu befassen, andererseits aber eben auch die Perspektive der betroffenen Kinder und Jugendlichen kennenzulernen.

Insgesamt lässt sich feststellen, dass die Auswahl der Kategorien, in denen ein Gelingen, also eine wirksame „Heimerziehung" zu identifizieren wäre, gut gelungen ist. In den Leitfaden-Interviews, die mit den Kindern und Jugendlichen oder ehemaligen Heimbewohner*innen geführt wurden, fanden sich überall Hinweise auf die Kategorien und Indikatoren, mit denen sich die Studierenden theoretisch im Rahmen ihrer Texte befasst haben. Dass die Leitfragen implizit die Kategorien vorgaben, ist dabei natürlich zu berücksichtigen. Dennoch hat der narrative Stil der Interviews durchaus auch ermöglicht, andere Phänomene oder Indikatoren/Kategorien entdecken zu lassen.

Alle befragten Kinder und Jugendlichen haben das Thema Beziehungen besonders herausgehoben. Sowohl die Gestaltung neuer Beziehungen zu den Betreuer*innen als auch neue Freundschaften oder Beziehungen zu Lehrern usw. wurden angesprochen. Die Qualität dieser Beziehungen hat wesentlichen Anteil an gutes Gelingen einer stationären Jugendhilfe. Professionelles Arbeiten impliziert hier auch das Wissen um bestehende Beziehungen.

Den Kindern und Jugendlichen ist es wichtig, alte, bestehende Beziehungen aufrecht erhalten zu können. Sie brauchen auch die Sicherheit der Bindung zu ihren Bezugspersonen, in der Regeln den Eltern, um sich orientieren zu können. Die Qualität bestehender Beziehungen spielt dabei eine untergeordnete Rolle. Das Prinzip „Hoffnung" ist Teil gelingender Beziehungen. Betreuer*innen, die eine pessimistische Sicht auf das Leben und die Zukunft verbreiten, machen Angst und stoßen ab. Hoffnung gibt auch Sicherheit und Mut. Ein weiterer wesentlicher Aspekt ist die Beteiligung. Wissen Kinder und Jugendliche nicht um die Ereignisse, werden sie in den Widerstand gehen. Dies gilt auch für die Eltern oder andere Beteiligte.

Die Gestaltung des Alltags und das Gelingen und Bewältigen von Alltag ist wesentlich davon abhängig, wie die Kinder und Jugendlichen an ihrem eigenen Alltag beteiligt werden. Hier gilt es sich von festen Strukturen, dogmatischen Abläufen in den Einrichtungen der Jugendhilfe zu verabschieden und Mut aufzubringen, einen mit den Kindern und Jugendlichen gemeinsamen Alltag zuzulassen.

Wie wesentlich die Frage des Findens der richtigen Hilfe ist, muss hier nicht weiter diskutiert werden. Für die Kinder und Jugendlichen ist es wichtig, eine gewisse Transparenz in den Entscheidungen zu erleben.

Wissen um Entwicklungs- und Jugendphasen stützt die Annahme, dass es einen „lohnenswerten Lebensort" für die Kinder und Jugendlichen zu entfalten gilt, der ihren Bedürfnissen entspricht. Der Drang nach Freizeit und Gestaltungsräumen sowie Rückzugsmöglichkeiten usw. wurde von allen Kindern und Jugendlichen benannt. Zusammenarbeit zwischen den unterschiedlichen Institutionen wie Schule usw. gibt den Kindern und Jugendlichen das Gefühl, ernst genommen zu werden. Sie werden mit ihren Belangen gesehen und wahrgenommen.

Festzuhalten ist, dass die Kinder und Jugendlichen durchaus in der Lage sind, ihre Bedürfnisse und Wünsche zu artikulieren und diese keineswegs überzogen oder unverschämt sind. Den Kindern und Jugendlichen zuzuhören, scheint ein Schlüssel für gelingende Heimerziehung zu sein.

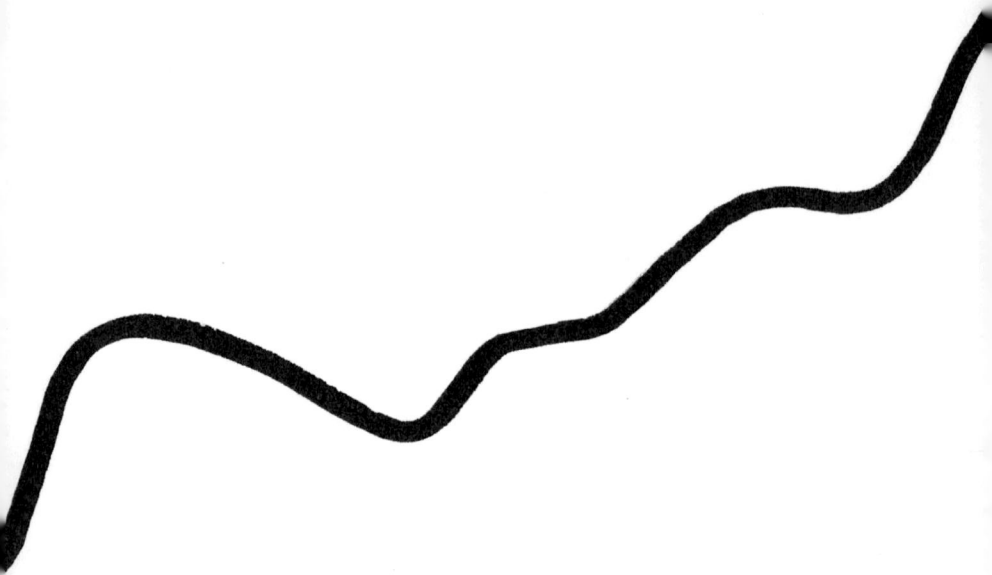

Literaturverzeichnis

I. Indikation – Hilfe zur Erziehung

Dührssen, Annemarie: Heimkinder und Pflegekinder in ihrer Entwicklung. Eine vergleichende Untersuchung an 150 Kindern in Elternhaus, Heim und Pflegefamilie, 6. Auflage, Göttingen, 1977

Müller, Burkhardt: Sozialpädagogisches Können: Ein Lehrbuch zur multiperspektivischen Fallarbeit, 8. Auflage, Freiburg, 2017

Harnach, Beck, Viola: Psychosoziale Diagnose in der Jugend-hilfe, Grundlagen und Methoden für Hilfeplanung, Bericht und Stellungnahme (Soziale Dienste und Verwaltung), Weinheim, 1995

Müller, Karl: Wenn Heimerziehung scheitert oder schwierige Jugendliche nicht mehr können, (Band36), Freiburg, 2010

Fröhlich-Gildhoff, Klaus: Indikation in der Jugendhilfe. Grundlagen für die Ent-scheidungsfindung in Hilfeplanung und Hilfeprozess, Juventa Verlag, 2002

Post, Wolfgang: Erziehung im Heim. Perspektiven im System der Jugendhilfe, Juventa Verlag, 1997

Schmidt / Schneider / Hohm / Pickartz / Macsenaere / Peter-mann / Flosdorf / Hölzl & Knab: Effekte erzieherischer Hilfen und ihre Hintergründe, Schriftenreihe des Bundesministe-riums für
Familie, Senioren, Frauen und Jugend, Jule Studie, Stuttgart, 2002

Sozialgesetzbuch,
URL: https://www.sozialgesetzbuch-sgb.de/sgbviii/27.html,
Letzter Zugriff: 15.03.2019

Partnerschaftliche Erziehungshilfe Hofkirchen,
URL: https://www.erziehungshilfe-hofkirchen.de/zielgruppe,
Letzter Zugriff: 18. 03. 2019

Günder, Richard: Praxis und Methoden der Heimerziehung, 5. Auflage, URL: https://www.lambertus.de/assets
adb/95/953dfc567b3b3aee.pdf,
Letzter Zugriff: 28. 03. 2019

II. Partizipation

Ackermann, Timo / Robin, Pierrine: Partizipation gemeinsam
erforschen: Die reisende Jugendlichen-Forschungsgruppe
(RJFG) – ein Peer-Research-Projekt in der Heimerziehung,
SchöneworthVerlag, 2017

Berg, Klaus Horst: Kinder verändern die Welt. Maria Montesso-
ri – Janusz Korczak. Ideen, Praxis, Gegenwartsbedeutung,
LIT Verlag, 2013

Bertelsmann-Stiftung: Partizipation von Kindern und
Jugendlichen in Deutschland, 2008

Brockhaus Enzyklopädie, 21. Auflage, Leipzig-Mannheim:
F.A. Brockhaus, 2006

Bukow, Wolf-Dietrich / Spindler, Susanne (Hg.): Die Demokratie
entdeckt ihre Kinder. Politische Partizipation durch Kinder-
und Jugendforen, Leske + Budrich, 2000

Derecik, Ahmet / Kaufmann, Nils / Neuber, Nils: Partizipation in der offenen Ganztagsschule. Pädagogische Grundladen und empirische Befunde zu Bewegungs-, Spiel- und Sportangeboten, Band 3. Springer VS, 2013

Dörr, Margret / Müller, Burkhard (Hg.): Nähe und Distanz. Ein Spannungsfeld pädagogischer Professionalität, 3. Auflage, Beltz Juventa, 2012

Gesetze für die Soziale Arbeit: Textsammlung, 2016/2017: SGB VIII, Fachhochschulverlag 2016

Gräf, Christoph / Probst, Stephanie (Hg.): Praxishandbuch Kinderrechte im Alltag von Kinderheimen. geachtet, beteiligt, gefördert, beschützt, Beltz Juventa, 2016

Graßhoff, Gunther: Adressatinnen und Adressaten der Sozialen Arbeit. Eine Einführung, Springer VS, 2015

Kluge, Karl-Josef / Plum, Helga / Schnell, Irmtraud: Eine kindgerechte Umwelt schaffen. Das pädagogische System von Janusz Korczak und seine Bedeutung für Sondererziehung und Rehabilitation, by Minevra Publikation Saur GmbH, 1981

Knauer, Friedrich / Herrmann, Liebler / Herrmann, Thomas / Liebler, Bettina: Beteiligungsprojekte mit Kindern und Jugendlichen in der Kommune, VS Verlag für Sozialwissenschaften, 2004

Kriener, Martina / Petersen, Kerstin (Hg.): Beteiligung in der Jugendhilfepraxis. Sozialpädagogische Strategien zur Partizipation in Erziehungshilfen und bei Vormundschaften, Votum, 1999

Liebel, Manfred: Janusz Korczak. Pionier der Kinderrechte. Ein internationales Symposium, LIT Verlag, 2013

Mennemann, Hugo / Dummann, Jörn: Einführung in die Soziale Arbeit, Nomos, 2016

Perko, Gudrun (Hg.): Philosophie in der Sozialen Arbeit, Beltz Juventa, 2017

Schierer, Elke: Fragmentierte Teilhabe. Partizipationsgestaltung in stationären erzieherischen Hilfen. Bedeutungen, Möglichkeiten und Grenzen professionellen und organisationalen Handelns, Springer VS, 2018

Schildt, Jörg: Pädagoge sein heißt, selbst wieder Kind werden. Janusz Korczak und seine Waisenhauserziehung, by Minevra Publikation Saur GmbH, 1982

Schröder, Richard: Kinder reden mit! Beteiligung an Politik, Stadtplanung und -gestaltung, Beltz, 1995

Skiera, Dr. Ehrenhard: Reformpädagogik. Hand- und Lehrbücher der Pädagogik, Oldenbourg Wissenschaftsverlag GmbH, 2003

Stender, Carola: „Ich vermag zu wecken, was in der Seele schlumert, aber ich kann nichts neu schaffen". Dimensionen pädagogischen Könnens bei Jaunsz Korczak, Logos Verlag, 2008

Straßburger, Gaby / Rieger, Judith: Partizipation Kompakt: Für Studium, Lehre und Praxis sozialer Berufe, Beltz Juventa, 2014

Tagungsdokumentation: Mittendrin und aussenvor - Kinderbeteiligung und Alltagsdemokratie, 1995

Umlauf, Sandra: Partizipation von Kindern und Jugendlichen in der Heimerziehung, Hochschule Magdeburg-Stendal, 2013

Wolff, Mechthild / Hartig, Sabine: Gelingende Beteiligung in der Heimerziehung. Ein Werkbuch für Jugendliche und ihre BetreuerInnen, Beltz Juventa, 2013

Waltraut Kerber-Ganse: Die Menschenrechte des Kindes. Die UN-Kinderrechtskonvention und die Pädagogik von Janusz Korczak. Versuch einer Perspektivenverschränkung, Verlag Barbara Budrich, 2009

Hartnuß Birger / Maykus, Stephan: Mitbestimmen, mitmachen, mitgestalten. Entwurf einer bürgerschaftlichen und sozialpädagogischen Begründung von Chancen der Partizipations- und Engagementförderung in ganztägigen Lernarrangements, 2006; URL: https://www.pedocs.de/volltexte/2008/252/pdf/Hartnu_Maykus.pdf, Letzter Zugriff: 15. 04. 2019

„Kinder beteiligen! Eine kleine Webseite zur Partizipation von nicht nur Kindern und Jugendlichen"; URL https://www.kinder-beteiligen.de/kinder-jugendliche-rechte.htm, Letzter Zugriff: 01. 02. 2019

III. Vernetzung und Zusammenarbeit im Bereich der stationären Hilfen zur Erziehung

Seckinger, Mike: Durchblick: Kinder- und Jugendhilfe. Überforderung im ASD. Ungleichgewicht von Aufgaben und Ressourcen. Sozial Extra 9/10, 2008, S. 41-44

Bürger, Ulrich: Erziehungshilfen im Umbruch, 1. Auflage, Sozialpädagogisches Institut im SOS Kinderdorf e.V., 1999

Thiersch, Hans: Lebensweltorientierte Soziale Arbeit. Aufgaben der Praxis im sozialen Wandel, 1. Auflage, Juventa, 1992

Grunwald, Klaus / Thiersch, Hans: Praxis Lebensweltorientierter Sozialer Arbeit. Handlungszugänge und Methoden in unterschiedlichen Arbeitsfeldern, 1. Auflage, Juventa, 2008

Herriger, Norbert: Empowerment in der Sozialen Arbeit. Eine Einführung, 3. Auflage, W. Kohlhammer GmbH und Co. KG, 2006

Blandow, Jürgen: Pflegekinder und ihre Familien. Geschichte, Situation und Perspektiven des Pflegekinderwesens, 1. Auflage, Juventa, 2004

Günder, Richard: Praxis und Methoden der Heimerziehung. Entwicklungen, Veränderungen und Perspektiven der stationären Erziehungshilfe, 5. Auflage, Lambertus- Verlag, 2015

Hinte, Wolfgang / Treeß, Helga: Sozialraumorientierung in der Jugendhilfe. Theoretische Grundlagen, Handlungsprinzipien und Praxisbeispiele einer kooperativ-integrativen Pädagogik, 1. Auflage, Juventa Verlag, 2007

Lang / Schirmer / Lang / de Hair/ Wahle / Bausum / Weiß / Schmid (Hrsg.): Traumapädagogische Standards in der stationären Kinder- und Jugendhilfe. Eine Praxis- und Orientierungshilfe der BAG Traumapädagogik, Beltz Juventa Verlag, 2013

BAG Traumapädagogik 2011: URL: https://fachverband-traumapaedagogik.org/standards.html, Letzter Zugriff: 06. 06. 2019

Rosenbauer, Nicole / Schiller, Ulli: Jugendhilfe für junge Volljährige. Einblicke in die Praxis des § 41 SGB VIII im Dreieck von Bedarf, Hilfegewährung und Schwierigkeiten der Durchsetzung, Jugendsozialarbeit aktuell, 143, April 2016: URL: http://www.jugendsozialarbeit.info/jsa/lagkjsnrw/web.nsf/id/li_jsaaktuell14316.html, Letzter Zugriff 06.06.2019

IV. Sozialraum und Lebenswelt

Eisenhardt, Thilo: Mensch und Umwelt. Die Wirkungen der Umwelt auf den Menschen, Peter Lang, 2008

Bettelheim, Bruno: Liebe allein genügt nicht, Verlagsgemeinschaft Ernst Klett, 1971

Brämer, Rainer: Wo und wie Kinder „Natur erleben", Natur subjektiv. Studien zur Natur-Beziehung in der Hyperzivilisation, 2015, URL: https://www.wanderforschung.de/files/kinderbarometer-naturerlebnis-19982014_1502131414.pdf, Letzter Zugriff: 05. 06. 2019

Böhnisch, Lothar / Münchmeier, Richard: Pädagogik des Jugendraums. Zur Begründung und Praxis einer sozialräumlichen Jugendpädagogik, Juventa, 1990

Böhnisch, Lothar: Sozialpädagogik des Kindes- und Jugendalters. Eine Einführung, Juventa, 1992

Deinet, Ulrich / Reutlinger Christia: Aneignung als Bildungskonzept der Sozialpädagogik, VS Verlag, 2004

Deinet, Ulrich: Methodenhandbuch Sozialraum, VS Verlag, 2009

Deinet, Ulrich: Das Aneignungskonzept als Praxistheorie für die Soziale Arbeit, 2014. In: sozialraum.de, 6. Ausgabe 1/2014. URL: https://www.sozialraum.de/das-aneignungskonzept-als-praxistheorie-fuer-die-soziale-arbeit.php, Letzter Zugriff: 31.03. 2019

Fegert, Jörg / Schrapper, Christian: Handbuch Jugendhilfe – Jugendpsychiatrie. Interdisziplinäre Kooperation, Juventa, 2004

Grunwald, Klaus / Thiersch, Hans: Praxis Lebensweltorientierter Sozialer Arbeit. Handlungszugänge und Methoden in unterschiedlichen Arbeitsfeldern, Juventa, 2004

Günder, Richard: Praxis und Methoden der Heimerziehung. Arbeitshilfen 48, 1995

Hitzler, Ronald / Eisewicht, Paul: Lebensweltanalytische Ethnographie, 2016, URL https://www.beltz.de/fileadmin/ beltz/leseproben/978-3-7799-4485-0.pdf, Letzter Zugriff: 15. 03. 2019

Kruse, Lenelis / Graumann, Carl Friedrich / Lantermann, Ernst-Dieter: Ökologische Psychologie. Ein Handbuch in Schlüsselbegriffen, Psychologie-Verlag-Union, 1990

Löw, Martina: Raumsoziologie, Suhrkamp, 2001

Thiersch, Hans: Lebensweltorientierte Soziale Arbeit. Aufgaben der Praxis im sozialen Wandel, Juventa, 1992

Wesely, Sabine: Die Milieutherapie Bruno Bettelheims. Intention, Theorie und Praxis, Peter Lang, 1997

Berufsgenossenschaft für Gesundheitsdienst und Wohlfahrtspflege (BGW): Kinder- und Jugendhilfe in Deutschland. Ein Datenbericht 2018. URL: https://www.bgw-online.de/ SharedDocs/Downloads/DE/Medientypen/Wissenschaft-Forschung/BGW55-83-130_Trendbericht-Kinder-und-Jugendhilfe_ Download.pdf?__blob=publicationFile, Letzter Zugriff: 28. 05. 2019

V. Entwicklungsphasen und Jugendkultur

Boeger, Annette Gertrud Maria: Psychologische Therapie-
und Beratungskonzepte. Theorie und Praxis,
W. Kohlhammer GmbH, 2009

Dührssen, Annemarie: Heimkinder und Pflegekinder in ihrer
Entwicklung. Göttingen. Verlag für medizinische Psychologie,
1977

Ferrari, Bernardo / Herzka, Heinz Stefan / Reukauf, Wolf:
Das Kind von der Geburt bis zur Schule.
Schwabe 6 Co AG Verlag, 2001

Hurrelmann, Klaus / Quenzel, Gudrun: Lebensphase Jugend.
Eine Einführung in die sozialwissenschaftliche Jugendfor-
schung, 13. Auflage, Beltz Verlag, 2016

Kasten, Hartmut: Entwicklungspsychologische Grundlagen.
4. überarbeitete Auflage, Cornelsen Schulverlage GmbH, 2013
Kutzbach, Cajo: Frühe Kindheit. Eine entscheidende Entwicklungsphase, URL: https://www.deutschlandfunk.de/
fruehe-kindheit-eine-entscheidende-entwicklungsphase.
1148.de.html?dram:article_id=342883,
Letzter Zugriff am 02. 11. 2018

Lambers, Helmut: Heimerziehung als kritisches Lebensereignis,
Votum Verlag GmbH, 1996

Langer, Daniel: Faszination Ultras. Aspekte und Erklärungsan-
sätze zur Fußballfan- und Jugendkultur, Scientia Bonnensis,
2010

Langfeldt, Hans / Nothdurft, Werner: Psychologie. Grundlagen
und Perspektiven für die Soziale Arbeit, 5. aktualisierte Auflage, Ernst Reinhardt GmbH & Co KG Verlag, 2015

Lohaus, Arnold / Maass, Asja / Vierhaus, Marc: Entwicklungspsychologie des Kindes- und Jugendalters für Bachelor,
2. Auflage, Springer Verlag, 2013

Lohaus, Arnold / Maass, Asja / Vierhaus, Marc: Entwicklungspsychologie des Kindes- und Jugendalters für Bachelor,
3. Auflage, Springer Verlag, 2015

Miller, Patricia: Theorien der Entwicklungspsychologie,
Heidelberg, Spektrum Akademischer Verlag GmbH, 1993

Mönks, Franz J. / Knoers, Alphons M. P.: Lehrbuch der Entwicklungspsychologie, Ernst Reinhardt GmbH & Co Verlag, 1996

Schenk-Danzinger, Lotte: Entwicklungspsychologie,
öbv et hpt Verlag, 2002

Scherr, Albert / Schäfers, Bernhard: Jugendsoziologie. E
inführung in die Grundlagen und Theorien, 9. erweiterte und
umfassend überarbeitete Auflage, VS Verlag für Sozialwissenschaften / GWV Fachverlage GmbH, 2009

Schneider, Gerd / Toyka-Seid, Christiane: Das junge Politik-
Lexikon von www.hanisauland.de, Bundeszentrale für politische Bildung 2018, Letzter Zugriff: 11. 11. 2018

Stangl, Werner: Stichwort: Jugendkultur. Online Lexikon für
Psychologie und Pädagogik, URL: http://lexikon.stangl.eu/527/
jugendkultur, Letzter Zugriff: 08. 11. 2018.

Textor, Martin R.: Die Persönlichkeitsentwicklung von Kindern
und Jugendlichen als Herausforderung an Familie und Schule,
1991. URL: https://www.kindergartenpaedagogik.de/25.html,
Letzter Zugriff: 02. 11. 2018

Tömmel, Sieglinde Eva: Wer hat Angst vor Sigmund Freud?
Wie und warum die Psychoanalyse heilt, 1. Auflage,
Brandes & Apsel Verlag GmbH, 2006

Tücke, Manfred: Entwicklungspsychologie des Kindes- und
Jugendalters für (zukünftige) Lehrer, Stangl, 2019.
Arbeitsblätter, URL: https://arbeitsblaetter.stangl-taller.at/
Psychologieentwicklung/entwicklungerikson.shtml,
Letzter Zugriff: 23. 04. 2019

VI. Beziehungen

Arnold, Susan: Vertrauen als Konstrukt. Sozialarbeiter
und Klient in Beziehung, Tectum Wissenschaftsverlag 2009

Baumann, Thomas / Hochgürtel, Tim / Sommer, Bettina: Da-
tenreport 2018, Lebensformen in der Bevölkerung und
Kinder, URL:https://www.destatis.de/DE/Service/Statistik-
Campus/Datenreport/Downloads/datenreport-2018-kap-
2.pdf?__blob=publicationFile&v=4,
Letzter Zugriff: 22.04.2019

Britsch, Karl Heinz / Heilbrügge Theodor:
Bindung und Trauma, Risiken und Schutzfaktoren für
die Entwicklung von Kindern, Klett-Cotta-Verlag 2003

Bowlby, John: Frühe Bindung und kindliche Entwicklung,
Ernst Reinhardt Verlag 2010

Faltermeier, Joseph: Verwirkte Elternschaft? Fremdunterbringung–Herkunftseltern–Neue Handlungsansätze,
Votum-Verlag 2001

Hinde, Robert: Grundlagen, In: Zwischenmenschliche
Beziehungen, Hrsg.: Auhagen, Ann Elisabeth / Salisch Maria,
Göttingen: Hogrefe Verlag für Psychologie 1993, S. 7-30

Höfer, Sandra: Wie viel Bindung ist nötig? eine kritische Analyse stationärer Hilfen zur Erziehung, Tectum-Verlag 2010

Grossmann, Klaus E. / Grossmann, Karin: Bindung und menschliche Entwicklung, In: Bowlby, John / Ainsworth, Mary: Die Grundlagen der Bindungstheorie, Klett-Cotta 2003

Grossmann, Klaus E. / Grossmann, Karin: Bindungen: Das Gefüge psychischer Sicherheit, Klett-Cotta- Verlag, 5. Auflage, 2012

Mulot, Ralf / Schmitt Dr. Sabine: Bindung/Beziehung in der Sozialen Arbeit, In: Deutscher Verein für öffentliche und private Fürsorge e.V.: Fachlexikon der Sozialen Arbeit, Nomos Verlagsgesellschaft, 8. Auflage, 2017

Nienstedt, Monika / Westermann, Arnim: Pflegekinder: Psychologische Beiträge zur Sozialisation von Kindern in Ersatzfamilien, Votum-Verlag, 3. Auflage, 1992

Schleiffer, Roland: Der heimliche Wunsch nach Nähe, Bindungstheorie und Heimerziehung, Votum 2001

Schroll, Britta: Bezugsbetreuung für Kinder mit Bindungsstörungen. Ein Konzept für die heilpädagogischen-therapeutischen Praxis, Tectum-Verlag 2007

Stangl, Werner: Stichwort: Bindungstypen, Online-Lexikon für Psychologie und Pädagogik, 2019, URL: https://lexikon.stangl.eu/5727/bindungstypen, Letzter Zugriff: 07. 04. 2019